章红

著

十四岁的纸条

人民文学出版社　天天出版社

做人难吗?那不如做真实的自己就好。当你摆脱他人评价,不过多地注意别人的赞扬和批评,反而有可能出现小小的奇迹——你的心态会更松弛,你的表现会更自然,而这些变化都立刻会被他人感受到,你会得到更多友好的回馈。

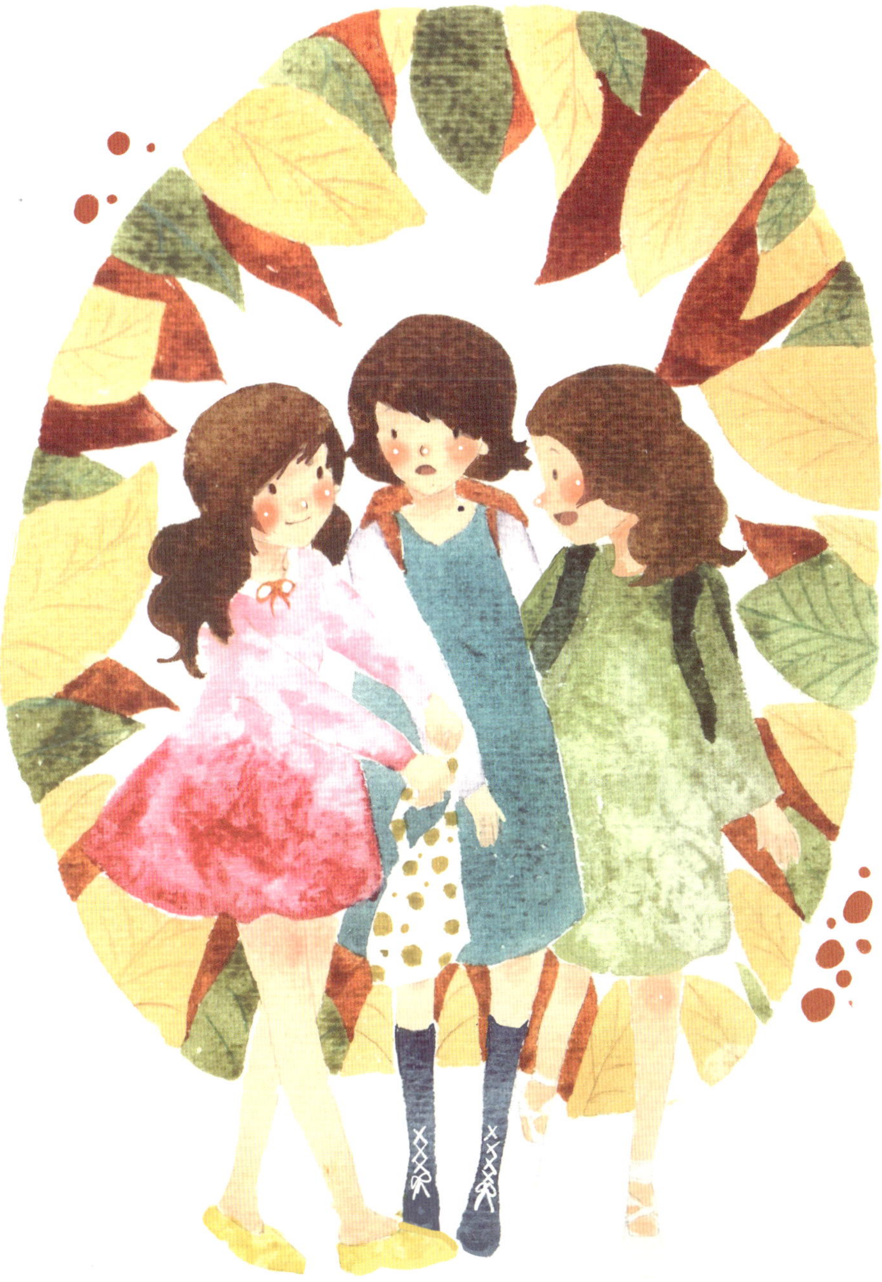

那些没有达成的事情，会让你明白自身的局限。你慢慢了解自己，也去理解世界的运行规律，无法改变的事物就接受，想要的东西就去追寻。自信就是在行动中这样一点点来临的，它永远与行动联系在一起。

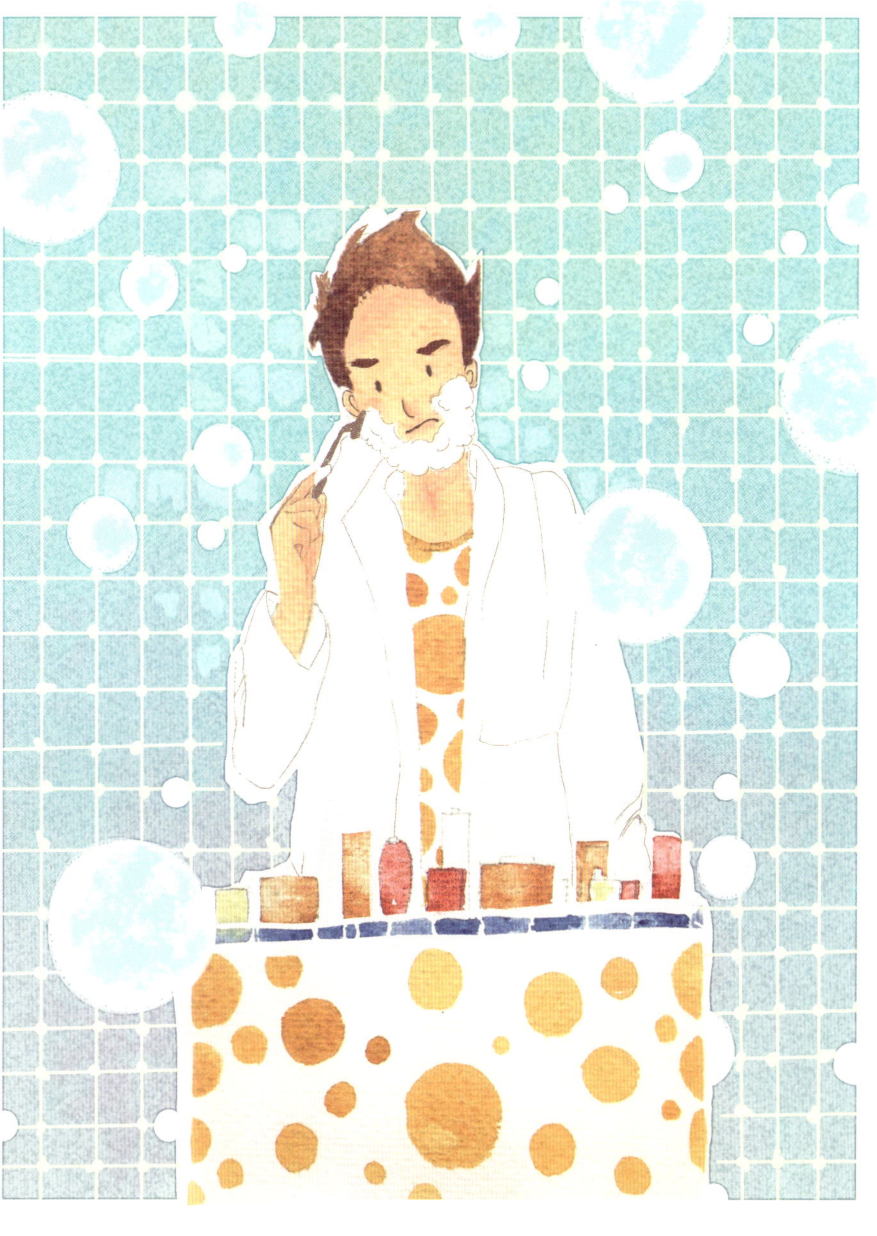

无论你怎么做，你可能和一些人成为知己好友，和另一些人仅仅和平共处，也可能和一些人爆发冲突。这就是真实的人际关系。但你永远可以拥有两位恒久的朋友，那就是书籍与大自然。

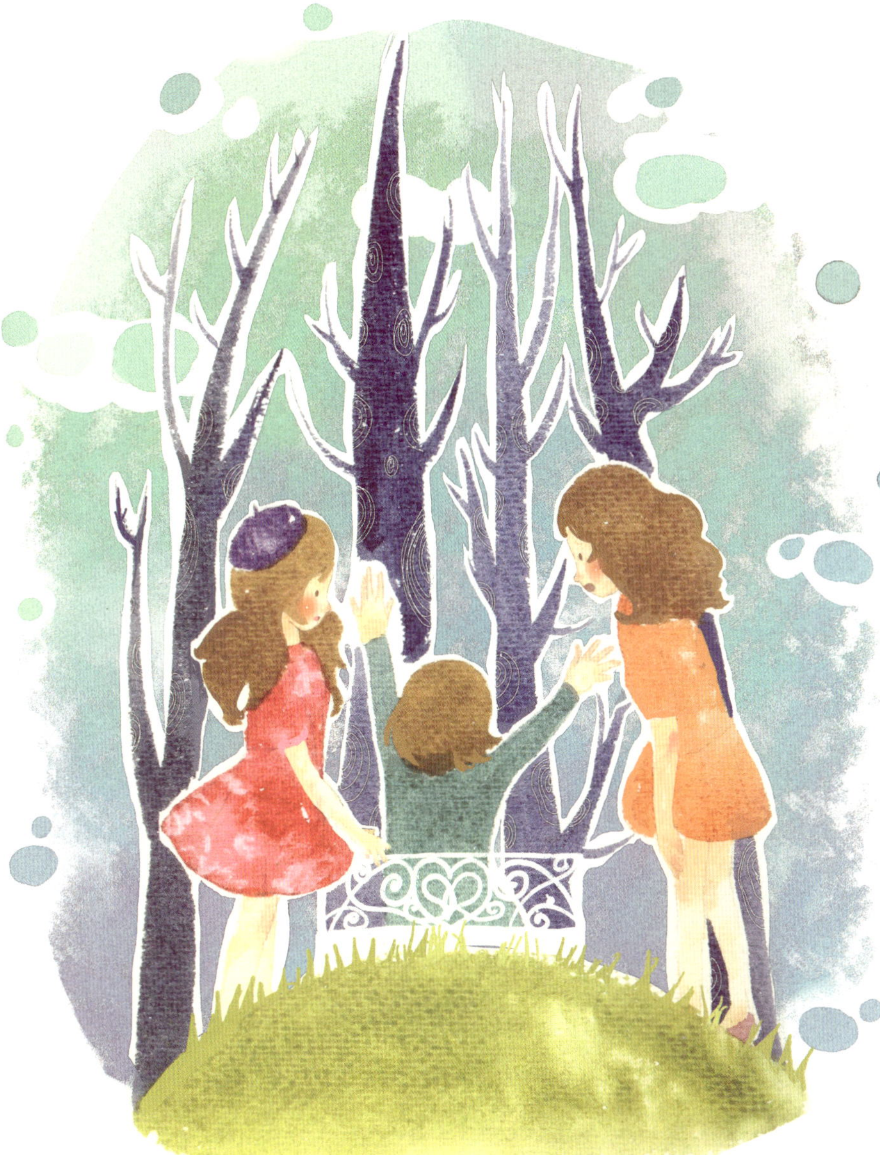

伴随自我意识的觉醒，我们开始为自己规划未来人生。我们不免加入竞争的队伍，一边清醒地做出各种选择，一边感受到生命中的迷茫与疼痛。携带着焦虑却依然前行不止，这个过程中自我的力量才会滋生出来。

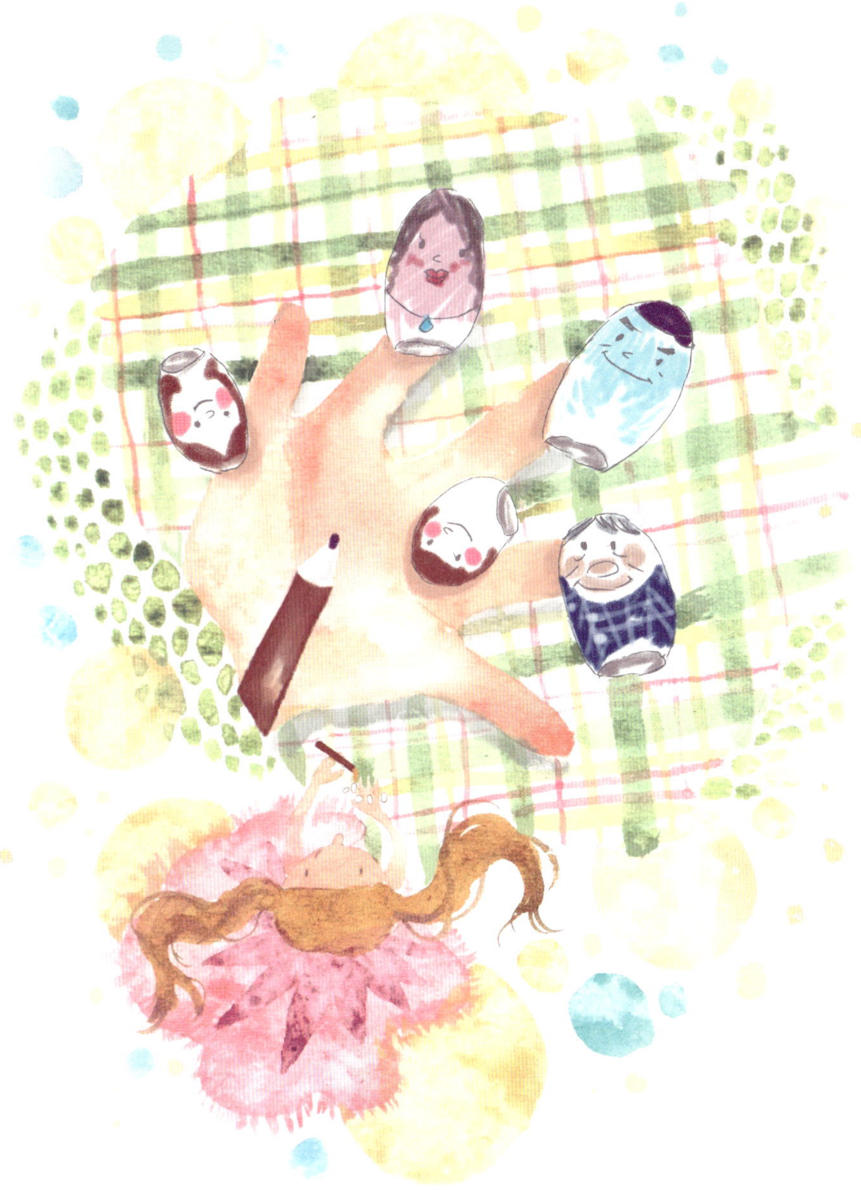

我们每个人，都是家的孩子。家是我们最开始的那个出发点，我们经由它奔向未来人生。未来的路有艰辛坎坷，可能会摔倒，但如果一直携带着关于家的情感，这或将成为力量的源泉，让我们无论何时都有站起的勇气。

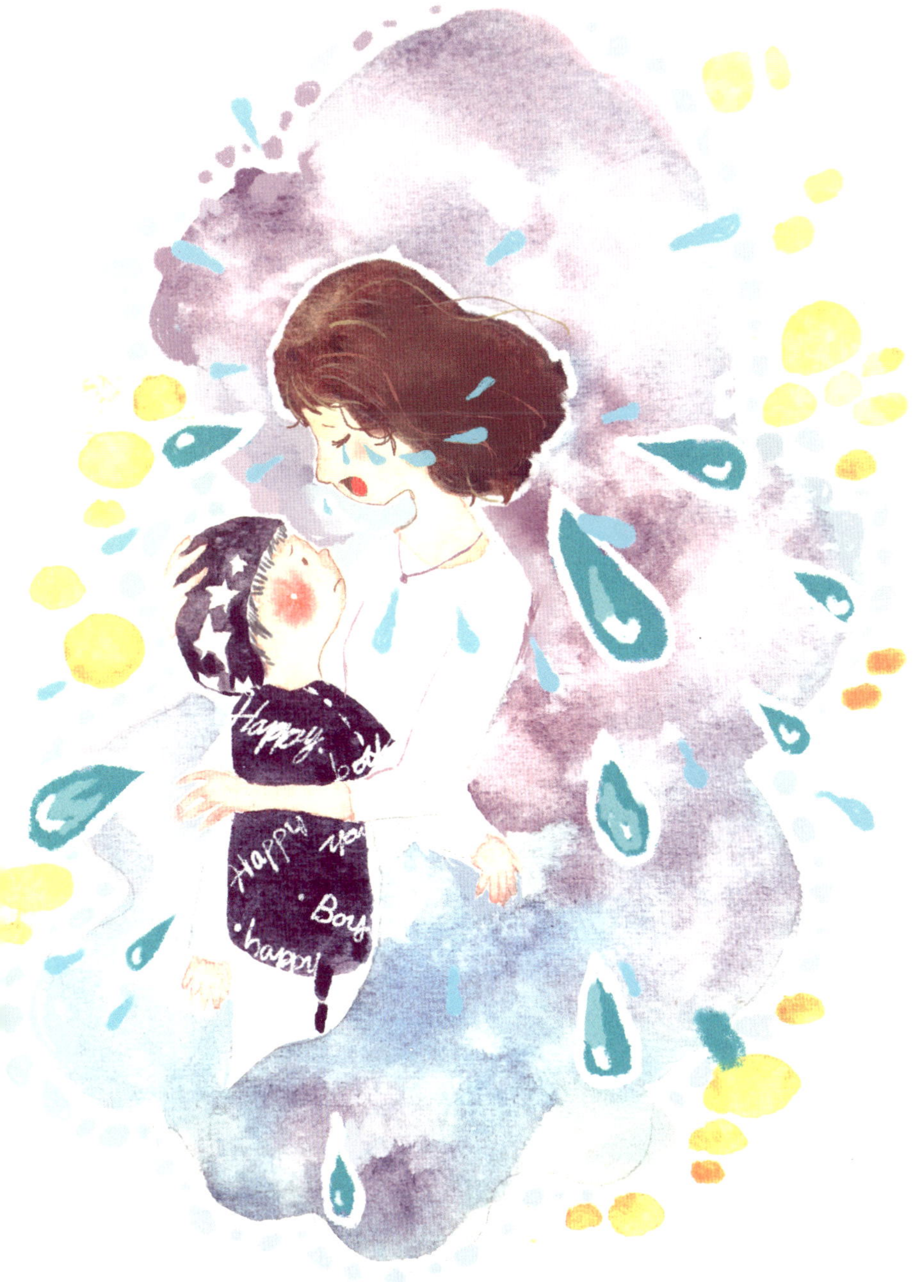
Happy
Happy
Boy
happy

最让人感到困惑的莫过于人类之爱的神奇与复杂了。我们都如此孤独,需要爱人,也需要被爱。学习与异性相处,这是一门很难但又重要的功课。期待由此出发,我们能成长为有责任心、尊重感情、勇于担当的人。

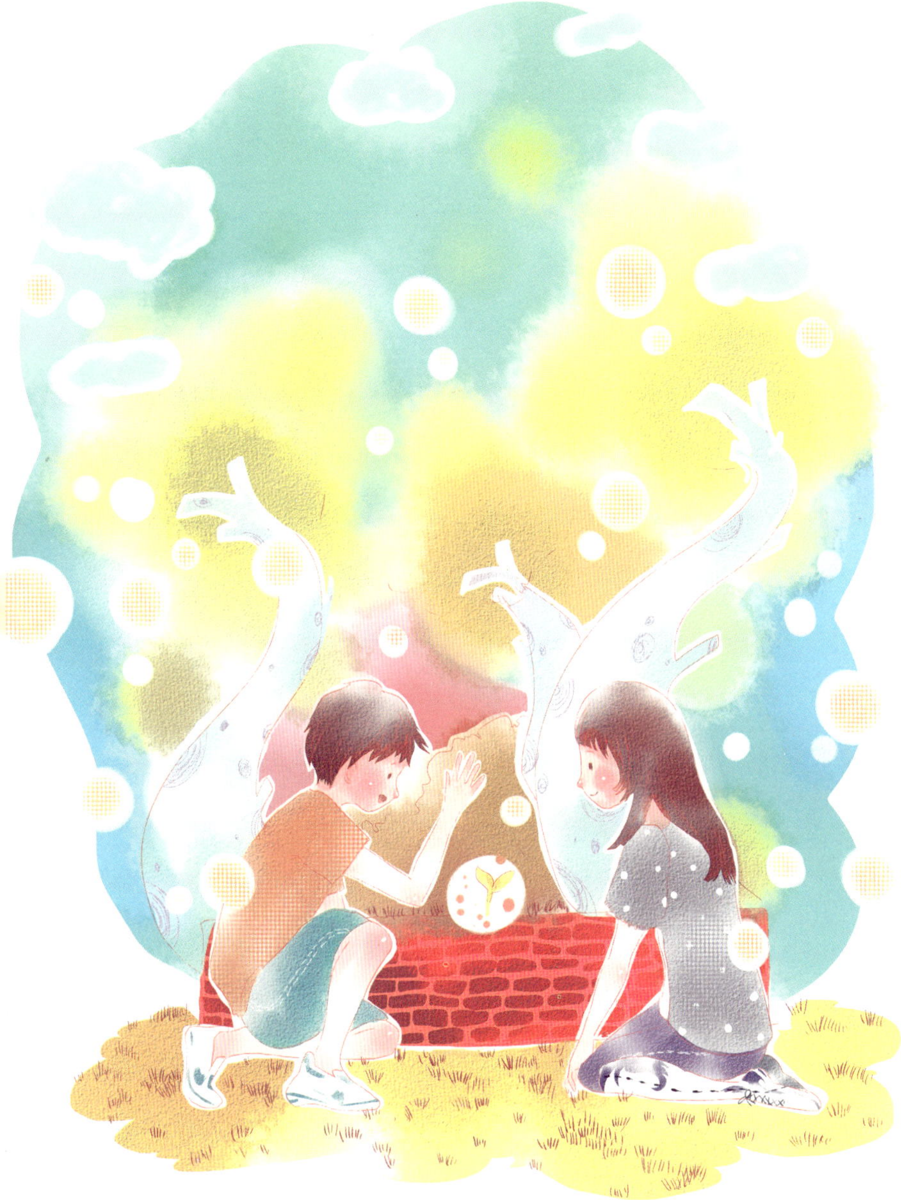

# 自序

最开始的时候,我为一家少年杂志写稿。那时初进大学,刚有余力腾出一点空来东张张西望望,张望得最多的,还是并不久远的中学时代。青春期所有的悸动不安、真实的痛楚与不着边际的幻想,都还带着新鲜热辣的印象,驱使我去把它们写出来。这样,在二十岁上下,我写了一批反映少年生活的小说,《惑》《白杨树成片地飞过》《为什么不长大》等。因为这些小说,我收到了第一批少年读者的来信。时过境迁,这些信虽遗憾无存,但那样一种印象却再不会消失:我以为是我个人独有的经验、情绪,许多少年都有着相似的体验;成长过程中我所感受过的迷惘与痛楚,许多少年也正真切地经历着。这使我想到:青春或是一个独立的国度,这个国度里的子民,会有许多引起共鸣的话题。

大学与研究生毕业后,我进入一家少年刊物当编辑,工作性质使我有机会接触更多少男少女。他们向我讲述童年记忆、学业困扰、初萌的恋情、与父母的关系、对未来的迷惘……倾听着他们有时激烈有时无助的心声，仿佛可以触摸到一颗颗躁动不安的灵魂。我涌出一个强烈的愿望：为他们做点什么——也是为自己一步步走过的青春岁月做点什么。

在人的成长过程中，青春期是一个躁动、脆弱，因而需要给予特别关注的阶段。十二三岁到十七八岁的青少年，刚刚脱离孩提时代又尚未成年，他们不再像孩子那样能比较容易地获得原谅和宽容，又不像成年人对自己拥有种种权力。自我意识开始觉醒，但内在还不具备足够的精神资源。他们处于孩子与成人之间，家庭与社会之间，自我认同与自我排斥之间。

人在青春期，身体与心灵都像开上了一条高速公路，两边是隔离带，前后是奔腾不息的车流，你不能自行减速。偏偏生理与心理这两者的发展又未必是均衡的，有时候一个会跟不上另一个。

无法接纳自我的痛苦，与环境冲突带来的困扰，初萌的情愫与社会要求之间的矛盾……所有这些集中到一处，使得青春期成为一个前所未有的精神危机期。教室里、书桌前的少年，看似平静无澜的求学生涯，在内部却随时酝酿着风暴的因子。

我试图将那些使他们内心不能宁静的情感记录下来。这些心灵的流泻汇拢成汤汤大海，每一个涉猎过这片海域的人都不能不感到深深震惊。美国现代哲学家爱默生曾这样表述过：倘使有一架心灵的望远镜，可以像观察星云变幻一样观察人类的内心世界，跟踪记录心灵涌动的每一次潮汐，那么我们会发现，任何一个微小的个人，其心灵的历史未必比一个国家或者一个民族的历史更乏味。

我想做的，就是追踪一些心灵的轨迹，力求真实、鲜活地传达青春期少年生存现状与精神世界。书中的故事与倾诉，有的来自面对面交谈，有的来自信件（包括电子邮件）往来。书名定为"十四岁的纸条"，是因为十四岁是一个标志性的年龄，在此之前童年教育已经完成，家庭教育所能覆盖的面向缩小，成长进入到某种质变阶段，无论孩子还是家长都有一点无助。对这些真切的叙述，我会对文字做出梳理，为让主题稍微集中而删去一些枝蔓，但不会改变故事内容与情感，每一则讲述都是全然真实的。我希望少年读者有机会借此看到同龄人的深层生存状态，这会使他们感到自己的处境不是唯一的，自己并不是孤独的。

除了记录与梳理，我也力图在书中倾注我的体验与知识，以最大的同理心去回应讲述者。如果凑巧能够成为一双扶助的手，牵引青春期少年跨越成长中的心理沟壑；如果能够鼓舞他们克服成长的痛楚，拥有坚韧、向上、友善的人格气质，那将是我至大的喜悦。

# 目 录

## 青春的画像     001

    "需要把悲伤刨干净,才能看见地里快乐的花"     003
    生命是一场冒险,必须由你自己去完成     011

## 我的样子     019

    "如果我能再长高10厘米……"     021
    你来到世界上,就天然地获得了接纳     024

    "我真的'不配'起来……"     026
    "乌黑秀发像一个梦想"     029
    "走在去学校的路上就像踩在刀尖上"     032
    "脸是我自己的,身材是我自己的,与他人无关"     034
    "那些爱嘲笑别人弱点的人,他们内心才是病态的"     036
    我们都不完美,但我们都真的存在     037

## 在人群中成长　　　　　　　　　　　042

"不知为什么,我把没摘到蒲公英的事说了出来"　　044
做一个"真"人比做一个"优秀"的人更重要　　050

"别人叫我老虎"　　056
最难说出的,是"我想被爱"　　061

"如果什么都不能分享,还叫什么朋友"　　066
"同桌在那一刻向我展示了一种真正的友善精神"　　072
"我仿佛可以和星星对话……"　　075
"可是真没人知道这'文静''温柔'的实质是什么"　　082
"这段友谊到此终止吧——心里一阵轻松"　　085
"说到友谊,不觉有些心酸……"　　089
在同伴中长大成人　　092

## 为未来规划　　　　　　　　　　　102

"我忘记了这个细微的转变过程……"　　104
写给林中小鹿　　111

"班主任像对待一级保护动物一样……"　　115
只有人类可以快乐,也只有人类会焦虑　　121

"我还能见到下一个港湾吗？"　125

"全家的梦想是让我堂堂正正地成为城里人……"　130

"我要是没那么多胡思乱想就好了……"　133

"我和他其实是有一点像的"　138

"我多么想身体的每一个细胞都活跃着、跳动着……"　143

永不害怕　147

## 家的孩子　152

"这样长大的我，身心已经有严重问题了"　154

生命终将带着创伤继续成长　161

"我费尽心机讨别人欢心，讨大人的欢心"　162

"我暗暗松了口气，却又隐隐地觉得一丝伤感"　168

"我始终没看到妈妈睁开眼"　174

"因为有了这些爱，残缺中依然有美好"　177

"唯愿成为一只淡绿的萤火虫"　181

"我一直不知道我对他们有多重要"　187

"我仿佛看到忏悔了的父亲像书中的人物
　　一样朝我蹒跚走来"　191

家的孩子　196

**学习爱** 199

"我到底怎么了？" 201

"……这是在威胁我" 205

"长大，真的要好多时间与精力" 209

"我最好把自己的感情冰冻起来" 213

"原来这种初恋是那么荒谬" 216

　爱是成长的阶梯 220

青春的画像

把这封 2020 年收到的电子邮件作为第一封信,是因为透过这封信,我仿佛看到一个清晰的形象:一位 17 岁少女,正站在通往成年的门槛,向未来张望。她携带着与生俱来的天赋,也携带着一些童年创伤;她对自身满怀期待,又时时处于怀疑与自责中;她向往未来,又对那不确定的未知深怀恐惧……好一场冲突与挣扎,仿佛青春期的一幅心理画像。而我对她说的话,也正是我想对每个人所说——生命是一场冒险,必须由你自己去完成。

## "需要把悲伤刨干净，才能看见地里快乐的花"

章红前辈：

您好。这是我第一次写邮件，我不知道您是否会收到。犹豫再三，我最终鼓起了勇气，不论这会不会被人笑话，不论给一个陌生人写一些自己的事情是不是很不理智，我都想尝试一下。

我是一名17岁的高中女生，这两天有幸拜读了您的一本小说《放慢脚步去长大》，读着读着，我竟然哭了。因为我的成长环境与艾菲儿境况相似。

十七年前，计划生育管得还很严，而我，出生在一个已经有一个女儿的家庭。生下我来已是冒险，更悲催的是我竟然还不是男孩。我的重男轻女的家庭是一定要一个男孩的。于是，为了再试一次，三个月大的我被送给了外婆抚养。

我在一个黑漆漆的、里面住着一对50来岁的夫妇（我的外祖父母）以及两位瘫痪的90多岁的老人（我的曾外祖父母）的土坯房中度过了人生前面六年——那是迄今为止记忆中最快乐的六年。哪怕曾经懵懂无知吃过鸡屎，哪怕曾经在葡萄架下被毛毛虫扎过满手的刺，哪怕总是一个人坐在门槛上整整一天只为等外婆从地里归来……那时的我，没心没肺到不知何为父母。

6岁那年，父母突然要把我接回去。其时我家已经有了一个1岁的男孩……他们把我接回去上户口，以便上学。

那一天是我人生中第一个转折。我永远忘不了第一次见到楼梯的畏惧，还有父亲见到我时那种冰冷神情。为了让我好好适应，外婆陪我住了几天才悄悄走的。她走之后，我没日没夜地哭。外婆说，我是哭了几个月才好的。而自那以后，我再也没有因为孤单和依恋哭过。

我艰难地适应着在新家的生活。有一次，我们家三个小孩在邻居家玩耍。我站在一个玻璃柜旁边，弟弟过来找我，一不小心摔倒了，头碰到了玻璃柜。虽然没什么大事，但他一直在哭。我爸不知从哪里蹿出来，见此情景，二话不说直接给了我姐一巴掌，给了我三脚……迁怒的种子，在瞬间开出了毒花。

爸妈开店做生意。后来他们开了分店，姐姐去县城上初中，我就日复一日地帮忙看店。整整四年，双休日以及假期，我痴痴地望着别的孩子相约去各地玩。四年里，我不敢说一个"不"

字。四年里，在八次期末考试中，我有五次都是第一名——虽然那是乡镇小学，整个年级只有八十来个学生，但也算不错了。我想，那时的我能这么优秀，全是因为嫉妒吧，嫉妒我弟弟敢向我父母要钱买零食，嫉妒我弟弟能上幼儿园、能滑滑梯……我嫉妒他的一切，所以我只能靠成绩赢得父母的目光。

然而，我渐渐明白，那样的想法就是一个笑话。

10岁，我爸把我转去了县城小学，我甚至还未来得及与我的朋友告别。当时是什么心情，我不想再回味。与此同时，叛逆的烟火已经点着了潮湿的导火索。

11岁，烟火爆开。我与妈妈吵架，将妈妈气得全身抽搐。可怕的是，我竟然感到快乐。

12岁，考试失利，只能进县城中学普通班。我爸数落我一个暑假。中学第一次月考，在九百多名考生中我考进了年级前三十，于是，我爸又不管我的想法，将我转去了尖子班。我终于跟我爸杠上。

13岁，因为长得胖被同学歧视，跟父母倾诉，而我的父母却只是叫我好好学习，其他什么都不用管——我也想啊……

14岁，我在优秀的尖子班同学及抽烟喝酒打群架的普通班朋友之间摸爬滚打，变成了名副其实的拦架高手，可是，我却拦不住自己与弟弟打架。

15岁，父亲给我道歉了，此后对我是真的好。但我还是无法原谅他，不仅因为他对我的伤害被烧成灰之后又被我吸进了肺里，一直伴随我的呼吸，还因为他迄今还一直挂在嘴边的成绩成了一只发育成形的吸血虫，贪婪吸食我的精神之血。我学会冷战。

16岁，我强迫自己要理解父母，他们不容易，都是为了我……中考失利，又不肯去上父母托关系找的市里高中，因了这份执拗，妈妈来了一句"好人不做做贱人"——一句话让我放弃成为一个孝顺女儿的心愿。

17岁，我在各怀其技的高中同学中成了一个读死书的呆子。我没有他们旅行各国的眼界，也没有他们对帅哥美女的莫大兴趣，甚至，我没有父亲所说的"害人"的手机……在这份孤独中，我又一次想到，我的未来会怎样？

前辈，请原谅我给您写了那么多的流水账，只是，您是否看出了什么？

是的，我是一个小格局的人，一切难受都是我自己一手造成的。我是一个矛盾体。我很早就知道，比我不幸却比我还要坚强的人有很多，我大可不必顾影自怜。我也经常劝自己要控制住情绪，不要给自己加戏。可是，我做不到，即使17岁了，也还是学不会放下。我依旧在自负与自卑、胆怯与勇敢、坚强与脆弱、自恋与自弃、友爱与小气、中二与聪明、活泼与孤僻、认真与敷衍、单纯与做作、优秀与差劲等等之间，不断地去夺取他人的目光，好不可耻与难受。

前辈，我告诉您，困扰我的，不再是一段没什么大不了的过去，而是被情绪所阻的未来。曾经，我外公工作被电烧伤的那一年，我望着外公黑乎乎的脸庞，虚汗冒了一身：要是外公不在了，我以后该怎么办？现在，我的念头是：我已经17岁了却这么沉不下心，以后我该怎么办？

这次考试，成绩下降了不少，都是因为我想太多而学太少。我也不明白为什么我总是想太多。我有一个同学说："有一个目标，就会真的认真了，这就是我成绩进步的原因。"

我又哭了，边哭边骂自己。

我不止一次地认为，我的目标很清晰，没想到到头来却是一摊稀泥。

前辈，您知道我为什么写邮件给您吗？只因为您是打碎我的一个偶然。甚至，您所拥有的现实与我幻想中的未来契合得可怕。您就是我想成为的样子。我给自己既定的轨迹中，南京大学是我的目标，写作是我10岁以后最喜欢做的事。

是的，我有一个梦想，跟艾菲儿一样，就是当作家，然后经济独立。我忘记我是因为什么而喜欢上写作了，但是一旦开始写，那种连续坐在桌子前十个小时都不觉得累的感觉、那种沉浸在文字的世界而忘掉一切的感觉令我难以自拔。

悲哀啊，到现在，当作家还真的只是梦想。我喜欢胡言乱语，把自己认为美丽的一切词汇用各种线穿起来。老师说我的作文不是一个高中生该有的，我的文章太幼稚、没逻辑、没中心。对啊，学了那么久的文章都是分析、借鉴、找中心，我竟然一点都不会用。在我的观念里，我想要知道的，是这些文字是怎样从作者的心里迸发出来的，那些专属于他们的文风文字，又是怎么练成的。我也想拥有这些东西。可前辈想必也已经看到了——我读的书太少，我的文笔太烂，我的观察能力与体会能力都不行。七年来，我写的各类小说总计超过五十二万字，可惜，这五十二万字组成了一种假到能让人想到垃圾桶的恶心，不用说，我自然是扔了。扔掉的，还有我说出梦想的勇气。我只能偷偷在稿纸上书写着一个个不可告人的心碎。

后来我有了第二个梦想，我知道了南京大学，又因为法国梧桐爱上了南京。我想去南京，去上南京大学，哪怕我从未去过这个城市。可乡下的孩子第一要学会的就是面对现实。我的现实就是我能考上大学，但恐怕上不了南京大学。我却不敢面对这一现实。前几天成绩公布的时候，分数被泪水晕成了一摊墨迹。

前辈，抱歉，写了一大堆没有用的东西。我想这绝对是浪费别人时间的恶劣行径。我只是想感谢您，前辈，是您，不小心消灭了我的梦幻蝶。17岁的第一个期末，我跌得很惨，本来我用来逃避而看的书——您的书，就这样硬生生地冲进了我的梦，杨等等在我的梦里，骂我是一个不合格的女儿，让我从梦里哭醒。

我这个长不大的小孩，需要把悲伤刨干净，才能看见地里快乐的花。

前辈，我呀，在情绪里挣扎不得。我要抛弃这个自己，我要擦干净那被晕黑的成绩，擦干净后，放下南京大学，找一个更适合自己的大学做目标。

南京，悬铃木。那座繁华的大城市，一定很美。真的真的好想去看看。慢慢来，不管十年二十年，我总会到那里看看的。好想知道，真正的南京大学，到底是什么样的呢？

　　前辈，这是写给您，也是写给我自己的信。谢谢前辈和前辈的书，让我能告别我的过去。

月可

## 生命是一场冒险,必须由你自己去完成

月可:

你好。一封复杂的长信,几乎概述了你17岁生命的每个阶段。我很高兴在最后,你说"让我能告别我的过去"。这个想法太棒了,因为我认为,年轻所拥有的最大力量就是往前走的力量。

在幼年与童年你是全然无助的,听凭命运的旋涡把你席卷到任意一段河道。因为父母的重男轻女,出生不久你即被抛给外婆抚养。在那里物质生活艰苦匮乏,但外婆给过你爱护,那由四位老人组成的家庭显然也没有怎么管束你,你像大自然的生灵一样得到了自由生长。你在信中体现出的丰富感受力,我总觉得与这6岁之前的光阴有关。

6岁那年突然回到父母家,你形容为"人生中第一个转折"——你来到父母身边,却并不觉得安全,反而像骤然被抛到一个危机四伏的陌生地带。父母不过是两个陌生的大人,何况父亲并不友善。你面临突如其来的分离与对新环境的适应。与养育者的分离带给你创伤,新环境让你畏惧。而你又是这般幼弱,唯一能做的表达就是——哭。

童年时代的你课余要帮父母看店，整整四年失去玩耍的自由。对于一名儿童，这是一件残酷的事情。儿童本该拥有玩耍的权利，但你的权利被剥夺了。与此同时弟弟则享有种种特权。来自父母的不公正对待，在你幼小心灵种下了屈辱与愤懑的种子——一种有毒的情绪，你所说的毒花。在童年期，你的生长是受到压抑与扭曲的。

但你还非常弱小。你环顾四周，恍然意识到要依靠自己的力量活下来是多么困难；然而你明白无论如何都要活下来，这是一个生命的本能。你用优秀的学习成绩来作为生存的竞争力，这是好的，你做对了。

然后你进入了青春期，"烟火爆开"。你是否知道烟火为何会在此时爆开？你是否意识到，你青春期与父母之间的所有冲突，都是自我成长的力量使然？你的自我在生长，你的自由意志在呐喊。童年的温顺一去不返了。我们该为此遗憾吗？恰恰相反，我们都该为生长的力量喝彩。

与此同时，外部世界在进入你的生活。借由同伴，你看到了比家庭更广阔的天地。一些新鲜陌生的东西，多姿多彩，让你既好奇、向往，又意识到自身的匮乏与欠缺。人难免通过外部世界的坐标轴来确定自身的位置，这时候自卑悄悄滋生了。

这是我感受到的你目前的状况：

你爱你的父母——孩子们通常是爱父母的，但你打心底不接受他们对你缺乏尊重的对待,与此同时你又仍然需要家庭支持。

你在同伴中成长,学习与这个世界相处,设法融入这个世界。这个过程中你展示了你的灵活与弹性、你适应环境的能力。

你急切地朝未来张望,竭尽全力想找到自身能力中的闪光点,实际上也找到了——你热爱写作,热爱就是最大的潜能。但,无论理想的大学也好,写作的理想也好,它们如此美妙同时又显得那么难以企及,你陷入自我怀疑的泥淖。

你正在面对生命中的一些困境与挑战。你的心灵被卷进了一个激流中,载沉载浮,异常不安。

但是你知道我最想说的是什么吗?

—— 恭喜你!你正站在人生的入口处,生命的冒险即将开始。

生命是一场重要的冒险经历,必须由每个人自己去体验,去完成。你经历了幼年、童年,现在来到了青春期,站立在成年的前夜,人生的幕布在徐徐展开。

你一定读过《绿野仙踪》。小女孩多萝西、稻草人、小胆狮、铁皮人他们一起上路,各有自己要寻找的东西:多萝西要寻找回家的路,稻草人想获得智慧,小胆狮想得到勇气,铁皮人想拥有一颗会爱的心。为此他们跋涉过漫漫长途,历经艰险来到未知的奥兹国。结果发现那个传说中能够给他们这些东西的魔法师,其实只是一个平凡的老头,一个骗子,并不拥有神奇的魔法。

那么他们所经历的漫漫长路是否就毫无意义呢？恰恰相反，正是路上所经历的那些磨难、危险、恐惧，让他们逐渐具备了克服各自弱点的能力。最终他们都获得了想要寻找的东西，但那绝不是奥兹国骗子魔法师的赐予，而是那条黄砖路上的跋涉让他们具备了上路时想获得的素质。

生命的真相就是，我们生下来不知道自己是什么，也不知道自己的命运将会是什么，我们只有上路，去体验、经历，才会赋予自身的生命以意义。去寻找，就会遇见，生命的丰富是你自己给予自己的。

你使用了很多贬低自己的负面词汇。这种自我厌恶让人不好受，但又是许多人都经历过的沼泽，一如我的青春期也曾纠结彷徨，犹如泥泞中的挣扎。现在我这么大了，走过长长的路，终于知道，自己的想法，自己的经历，它们是属于你个人的全部真实。对有些人来说有些沼泽注定要跋涉，那些沼泽中曾经的陷落也是真实。阴影与光明都是一个人身上真实的存在，而成长的意义就是去认识自己，去寻找与发掘自我价值，最终让光明战胜阴影。这是值得我们终生为之奋斗的东西。

心理学家阿德勒说："青春期……许多人把它看作一个黑暗的神秘地带，也是在这一时期，人开始发觉过去一直在睡眠状态的力量。"

当这股力量醒来，你就是一个新人了。虽然这股力量也搅扰你,让你不安,甚至害怕,但是你终将会感谢这苏醒的力量。

想象一下,你正站在一条未知且辽远道路的起点,如何能不心潮澎湃!从这里开始,你将学会为自己负责,为你创造的生活负责。你也将与他人建立联系,与世界进行不倦的对话与互动。你所要做的只是向前走,行使自己书写美好人生的权利!

章红

## 附月可后续回信：

章红前辈：

您好。收到您的回信的时候，我非常震惊，以至于有一些手足无措。

说来奇怪，我明明已经想好了您不回信和回信这两种情况，但当您真的给我回了信，我很惊喜，也很忐忑。也许，在我的潜意识里，您不回信的概率占了九成。我想您会很忙，我的信无异于干扰您工作，甚至会被认为有消遣之意，给您发出信之后，我惶恐不安了一个晚上。但后来我就想，您能写出那样的文字，一定不会是那种给我回一封讽刺信的人，您顶多不会回信。

这么多年来，我从不相信有人能理解我这种"自践自伤"的情绪，因为我知道这样的人是会被厌恶的，没有人会喜欢一个张扬而且有心机的胖子。我厌恶着自己，又挣扎着。我想要变得更好，但这是很难的。我有着该死的虚荣心，所以我将一切埋藏于心底，鬼鬼祟祟地摸索前进。

前辈，我说了，知道您是一个巧合。是的，这很神奇，似乎上天可怜我，把您的书递到了我的面前，打碎了我。我终于鼓起勇气做一次尝试，给您写了一封信。

真的很感谢您在百忙之中给我回信。您的话很打动我，我那颗悬着的心竟然开始规律地跳动了。前辈，相比以前，我现在好多了。您说得对，生命会自成轨道，白杨树会成片飞过。

我会加油，趁着现在负面情绪还没有爆发，把一切好的可能都试一遍。

前辈，您真好。您没有骂我，还鼓励我。

前辈，我三月一号就要开学了，到时我将一个学期不能用电脑，不能上网。能在开学前收到您的回信，我很开心，这是一个让我惊喜的礼物。

前辈，其实我已经想好接下来该怎么做了。我不会放弃自己的。

您说得对，已经没有时间再给我内耗了，我要想真正改变自己，就不能自怜了，我得下定决心去付诸行动。我一定也有自己的价值。我不能再这样等着您的安慰，再这样等着，我怕您会成为我的心理依赖。再说了，您已经安慰过我了，一次就够了，多则无益。

您扶的这把手，让我再次相信了自己。

谢谢您。

月可

我的样子

青春期的来临，意味着脱离懵懂的童稚时代，自我意识空前觉醒。意识到自己是人世间独一无二的存在，想知道自己究竟是什么样儿的——好看吗？出众吗？还是平平无奇，总是被忽略，乃至长得"有点困难""不那么受欢迎"？

像希腊神话中的美少年那喀索斯沉湎于临水自照，青春期少男少女把所有注意力都放在自我身上，心目中有一个理想的自我形象。然而，微风吹起涟漪，扭曲了水中的面孔。我们为这个面孔羞愧。我们想否认这个面孔。我们被自己的渴望折磨得心力交瘁。

## "如果我能再长高10厘米……"

从小我就是个很自卑的孩子,习惯处于一种被动的、被挑选的位置。小时候,也不知道那就是自卑,大人们也并不注重培养我的自信和参与能力,反正,我很少敢参与讨论、游戏,很少敢理直气壮地提出自己的要求。我怕输,怕被笑话,永远不具备那种"豁出去"的胆量。

我不否认,我的天赋也有好的一面:我会画画,想象力丰富。我的成绩在班上也并不差。我也有几个好朋友。今天是我的生日,我收到了很多礼物,很高兴。这时候,我又能恢复一些自信,因为这证明我在别人的心中还有一定的地位。

我十分看重并且是越来越看重别人对我的看法。在全班同学面前做的每一件事,事后我都会去细细地回想。如果我做得好,那还坦然;如果有什么"丢脸"的地方,我脑子里会连续几天时时出现这些片段,像一部关不掉的电影机。

就像今天下午,英语课时老师点我起来回答问题,而我不知道他讲到哪儿了（我上课总爱开小差，这导致我需要花双倍的时间去赶上别人），于是我站起来用英语说了一句："可以。"答非所问，同学们哄堂而笑。当然，笑得也不是特别厉害，可已足够让人难堪了。平时上英语课回答问题，我答对的概率很高，语音也没什么可挑剔的，没想到一不留神出了这么大的洋相。整整一节课，我都红着脸，低着头。

过后我似乎想向每一个人解释我为什么答错了。那是下午的最后一节课了，我故意做出很"豁达"的样子，拍一下同桌的肩，说道："喂，有零食吗？"看他的反应好像跟平时没什么两样，我才放心。我也会对其他人做同样的"测试"。

我长得不高，为此我有很多的感触。我很想和那些在班上占主导地位的女生一样，但我又做不到，我有时候觉得自己像一个想跻身"上流社会"的小丑，什么都想做，可又什么都做不到。

我写过一首小诗，叫《如果我能再长高10厘米》：

如果我能再长高10厘米，我就能做一切我喜欢的事情了。我会自信地站在许多人面前说话，不脸红；我大声说话，俨然一个领导者；我反应敏捷，像个大女孩。

如果我能再长高10厘米,我就会充满信心地走进理发店,说:"给我剪一个梁咏琪的短发。"出来以后,那种碎发飘在脸上的感觉真好,我都感觉到了。

如果我能再长高10厘米,我就能打篮球、打排球、踢足球,我就会拼命地去玩,去争取每一个机会,去跑去跳。我才不怕高高飞在头上的球呢,我把你扣到网子别面去。

如果我能再长高10厘米,身段一定不错,就不用为大大的校服发愁了。

如果我能再长高10厘米,我就敢参加演讲比赛了,那我一定会比话筒高出一大截。

如果我能再长高10厘米,至少我不会比优秀的女生太逊色。

如果我真能长高10厘米就好了,我不要求太多,我实在很知足的。

您是不是觉得这样特傻?

## 你来到世界上，就天然地获得了接纳

嗨，要我说，这么想是有点傻。

没有那臆想中的10厘米，你照样可以做那些你喜欢的事情：剪一个梁咏琪式的短发，在众人面前大声、自信地说话，运动场上挥汗如雨，为自己争取每一个机会……为什么不呢？

拘囿你的不是你以为缺少的那10厘米，而是画地为牢的观念。把一切裹足不前都归因于某种你可能无法改变的事情，这只是在逃避真实的人生。

但是没关系，我们都是这么傻过来的，但我们会成长。成长就是精神上由弱小变得强大、由错误变得正确的过程。

在人类的思维模式中，长久地存在一种自我羞辱，仿佛不够好就不配活。

如果在这个人世，有什么需要优先建立的世界观，那便是：你来到世界上，就已经有了生存的理由，你天然地获得了接纳。

不是够美、够好、够聪明才能对自己满意；不是满足了他人期待，获得别人的接纳你才有价值，而是你的存在本身就是价值。

你出类拔萃也好，平平无奇也好；美也好，丑也好，都可以泰然自若地生存。

从青春期起，我们要让这样的观念深入心灵：你不是你的身高，你不是你的体重，你不是你的分数……你不是任何一个数字，你是一个具备完整灵魂与行动能力的人。

人的内在与外在是相互作用的。当你活跃、自信，勇于行动，而不是把注意力聚焦在自身的不完美，你的存在就会变得比较有说服力。你越觉得自己没有达到那个完美的标准，表现得自卑瑟缩，你就离完美、优秀越远。如果你能逐渐学会不去想象他人的目光，不让单一的标准束缚自己，你就可以不那么拘谨，你整个人就会焕发出光芒。这光芒会点亮你，让你显得生动，富有感染力——而这就是一种美。

自信不是虚幻的东西，不可能停留在头脑的幻想中，而是需要累积一次次失败与成功的经验。那些经过不懈努力之后学到的知识，那些克服困难做成的事情，会让你意识到自己能力所在；那些没有达成的事情，会让你明白自身的局限。你慢慢了解自己，也去理解世界的运行规律，无法改变的事物就接受，想要的东西就去追寻。自信就是在行动中这样一点点来临的，它永远与行动联系在一起。

### "我真的'不配'起来……"

小时候，我长得比较漂亮，妈妈把我带到哪儿都有人夸。见到我的人常忍不住要捏捏我的脸，说一句："这小孩真漂亮。"那时候的我，真是出尽风头。

可是好景不长，到了初中，我渐渐由长得像妈妈变成像爸爸了。原先的瓜子脸变成了难看的方脸，脸上的雀斑也一窝一窝地出现。因为爱看课外书，用眼过度，鼻梁上又架起了丑丑的眼镜。跟小时候比，我好像换了一个人。

有一次，妈妈带我到亲戚家，那位女主人盯着我看了老半天，才说："这是你家女儿？怎么完全变样了！"

我笑着打哈哈："没什么，女大十八变嘛。"

"女大十八变，人家是越变越好看，你怎么……"她硬生生地把下面的话咽了下去。

我好像被闷棍打了一记，一下子呆住了。我受不了，真的受不了，从小时候的人见人爱，到现在对我的评价用省略号来代替，这让我心里怎么平衡！我骑上车，逃也似的回了家。我一面照镜子，一面流眼泪，怎么也不愿相信镜中人就是我自己。

从此以后，我特别爱照镜子。都说漂亮的人都喜欢顾影自怜，揽镜自照，我却也喜欢。搬了凳子，长时间地坐在镜子前发呆，偶尔会忍受不了镜中那呆板而丑陋的面容，扭头不愿再看，心中却仍感觉到那面镜子时刻在提醒我：你是个很丑的人，你不配交朋友，不配和老师交谈，不配上课回答问题……

我真的"不配"起来。整个初中阶段，和我讲过话的男同学用五个指头来数绰绰有余。我走过男生身旁，看到他们窃窃私语，就想他们是不是在说我的坏话，是不是说我孤僻、冷漠。疑心病加重了我的自卑感，满腹惆怅只有在日记中宣泄。翻翻我初中阶段的日记，满纸都是"怎么办？他们都不理我，我又做错了什么？我好怕那是因为我长得太丑，因为那是个我永远都无法弥补的缺陷"。

我在女生中的人缘也很差，不敢和人争，不敢和人辩。遇到分歧时，总是我首先低头认错："是我不对。"我实实在在太缺乏自信心了。

现在看初中时写的日记，总会感到一阵阵心酸，真不知道那三年鲁滨孙似的孤独日子是怎么熬过来的。鲁滨孙还有个"礼拜五"当他的忠实伴侣呢，而我却连一个朋友都没有。初中时代真像是一场噩梦，就像一个人长时间处于黑暗之中，独自承受着难言的心灵寂寞。

我摸索着，挣扎着，终于找到一根救命稻草：拼命学习。然而，尽管我付出了很多努力，却屡屡因为心情而影响了学习效果。心情低落的时候居多，那时我就会扔掉书本，瞪着镜子默默地流泪。

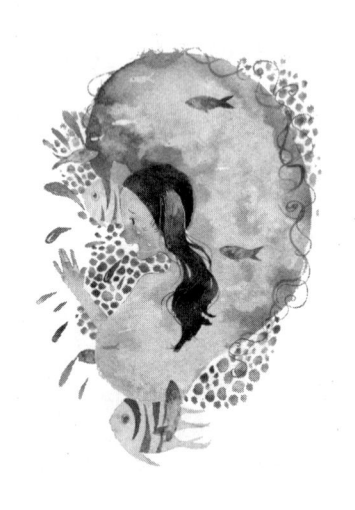

## "乌黑秀发像一个梦想"

我现在读初二。从幼儿园开始,我就是一个乖乖女、好学生。我成绩好,肯帮助人,老师同学都挺喜欢我的。可是,我内心深处的痛苦却没人知道。

我的外表不算难看,可我一直能不照镜子就不照镜子,因为我害怕看到镜子里的那个我——一个长着白头发的女孩。

读小学时,我还懵懵懂懂的,不知羞不知愁的,所以没太在意自己的白头发。不过,那会儿不像现在这样严重,顶多有十几根。

小学毕业的那个暑假,我记得妈妈带我去买凉鞋。我蹲着试鞋的时候,那个卖鞋的阿姨抚弄着我的头发,惊奇地说:"哟,小小年纪就有这么多白发了。"当时,我整个人僵在那儿,脸上火辣辣的,觉得周围的人都在盯着我的白头发。

从那一刻起,我终于明白了自己的特殊——有白头发。我问过妈妈，我是不是一出生就有白头发？妈妈说不是，是三年级才开始有的，并且只有几根，后来越来越多。

我开始注意起别人的头发。我发现爸爸妈妈都有白发，爸爸的比较多，妈妈的还没有我那么多。那一天回家后，我拼命地拔自己的头发，我恨自己为什么不能像平常人一样拥有一头乌发。

接着，我上初一了。我害怕坐在后面的同学看到我的白发，时时刻刻觉得有无数双眼睛盯着我的白发。我小心翼翼地活着，像一只受惊的小鸟。我不敢参加"抛头露面"的活动，像讲故事比赛、演讲比赛……乃至上课回答问题，我怕同学用鄙夷的目光看着我，嘲笑我的白发。在学校，我连走路都不自然，畏手畏脚的，像个通缉犯。

终于有一天，当一个男生喊我"李太白"（"你太白"的谐音）时，我的精神防线崩溃了。虽然我表面显得无所谓，挺坚强的，可内心已经无法呼吸了。

我耳朵后面的白发特多。同桌好友问我为什么不染发。我也想过染发，可是爸妈不允许，他们说染了之后白发更多，黑发也会变黄的。我觉得，染了表明我很在乎自己的白头发，让别人看穿这一点，挺难堪的。

我曾经试过自我暗示，说白发并不是什么了不得的大事，跟一些残疾孩子比比，头上有几根白发算什么呀——可怎么暗示都没用，就是不能说服自己。我不敢走在人多的地方，害怕人家指指点点；课文中写到老人的白发，我觉得好像是在说我；电视里洗发精的广告还特别多，一看到那些俊男靓女乌黑飘逸的秀发，我心里有一个地方就隐隐作痛。我也是个少女呀，为什么我就不能有一头"乌黑的长发"？我不知道自己还是不是一个正常的女孩了。

我吃过一些药，也不管用。这个"少白头"大概要跟我一辈子，等我变成一个老太太，头发全白为止。反正，乌黑的秀发像一个梦想，如果人有下辈子，我别的什么都不乞求，就盼望自己能有一头黑发，像别的女孩一样。

## "走在去学校的路上就像踩在刀尖上"

因为遗传，我脸上长雀斑，很大颗，颜色很深……上小学后，我的外号叫"苍蝇屎"。我永远不会忘记班上某个女生这样轻蔑地喊我，用同样轻蔑的语气跟别人一起嘲笑我；永远不会忘记和男生迎面相遇，他们当中一些人就会做出呕吐的样子……都说小孩子最简单和善良，其实有的小孩子很可怕。

我成绩很好，表现优秀，得到过很多荣誉：大队长，市三好学生……然而这些依然抵挡不住"苍蝇屎"带给我的羞辱。我表面无视，看上去很清高——除了这样，我还能怎么做？反击吗？怎么反击？我不知道……心里无比难过。

初中我是在我们这边最好的大学附中上的。青春期来了，除了雀斑照旧，我还开始长痘痘和长胖。比较熟的男生会当面嘲笑我，或许也可以理解为是开玩笑，但我还是很难过。某些时候我觉得很痛苦，走在去学校的路上就像踩在刀尖上。初中我成绩还是很好，表面疯疯癫癫大大咧咧开朗得不像话，但心里是自卑的，非常煎熬。

高中，我还是有点胖，剪短了头发，很短，接近头皮；脸上雀斑、痘痘都有，毛孔大得不像话。一方面我性格超级开朗，与人相处融洽；一方面自卑还在作祟，听到以开玩笑的语气对我的嘲笑，心里就痛得不像话，我表面还是笑，内心却极其厌恶这些人，也厌恶自己的懦弱。表面的不在乎，只是为了掩盖和欺骗自己——哦，没什么大不了。其实那是蚀骨入髓的痛，我都记得。

有个男生，老是嘲笑我。他自以为是的幽默让我很愤怒，我却不能发作。我懦弱，我容易妥协，我想要一团和气，假装对他尖酸刻薄的语气不以为意。

但是，我不会忘记那些嘲笑过我的人，那些嘲笑的话语。我会记仇，记着你们的自私、冷漠，还有残忍。

因为知道被人嘲笑的滋味，所以我从来不触及别人的弱点，不忍心说出口，怕轻轻的一句话留下重重的疤。有时微不足道的一件事，会改变一个人生命的轨迹。

## "脸是我自己的,身材是我自己的,与他人无关"

发胖是在初中,高中也一直胖。因为胖嘛,这也可以成为孤立与歧视我的理由……

"你长这么肥,竟然起这么好听的名字,人和名字一点都不搭。"同桌说,还带着她标志性的微笑。

"你身上一厘米有没有一斤肉?"同寝室室友好像在探究一个科学事实。

"××这么胖,不如把绳子系在她身上,让她排最后,这样就不会让人家拉过去了。"运动会拔河比赛时一个男生提出这样的建议,话一出口大家哄堂大笑。

"人这一胖,灵气都被脂肪挤没了……"老师说道。

真是连死的心都有了。我脾气很好,好说话,大方,乐于帮助人。我唱歌很好,成绩也不错。重点中学的学生有的有心机,会藏一手,我从来都不。别人问什么,只要我知道,我就全部相告。买到好的参考书，我一定告诉别人是在哪里买的。借小说给同学，同学上课看，被老师撕掉了，我也没叫别人赔偿。

是不是就因为我很胖，所有这些优点都不算？

这个问题困扰了我很多年，我企图找到答案。我拼命想啊想，最后得出的结论是：丑又如何？胖又如何？脸是我自己的，身材是我自己的，与他人无关。

我想，我算不上美女，但我并不比任何人差！我就是我，宇宙间独一无二的存在。希望有一些现在正在被别人欺负，徘徊在痛苦中的人，勇敢捍卫自己的尊严和一切，你其实也很美丽，不用去在意别人的目光，不要让别人来定义你。世界上只有一个你，请自信地活着吧……

## "那些爱嘲笑别人弱点的人,他们内心才是病态的"

初中的我,又瘦又小,穿衣服土,性格内向害羞,还长着一口无比畸形的大龅牙,现在都不太忍心看当时的照片。那时候我被排挤、嘲笑过,被叫作丑八怪,男生们排班级十大丑女,第一名总是我。那时候我老是哭,都想放弃读书了。

后来我矫正了牙齿,个子也长高了。到了高中,渐渐地,有人说我是美女了。有个小学时爱欺负我、在班里扮演大姐头角色的女生恰好在隔壁班,但地位跟小学时倒过来了,她被他们班的同学排斥嘲笑……唉,真是令我唏嘘不已啊。

我没有去报复那个女生,甚至在别人欺负她时为她出头。其实我不是善良,我只是,懂得那种感受。

我知道一句维护的话,对旁观者是微不足道,可是对于被欺负的人,也许足以改变她整个世界。而真正丑陋的,是那些爱嘲笑别人弱点、欺负别人的人,他们内心才是病态的!

## 我们都不完美,但我们都真的存在

伴随青春期,身体的成长给我们带来百味杂陈的心情:惊喜、自豪、期待、窘迫、难过、失望……

那么,就让我们来谈谈美这件事。

1

外貌是个体与外界之间的第一道连接。皮肤之外,就是世界。

站在这广大的世界里,最直接呈现的第一样事物,不就是我们的外貌吗?

我们最先被看到的,是外表;外部世界了解我们最简易迅捷的方式,也是外表。

在意外貌,这绝对是一件非常自然、正常,很好理解的事情。人是社会性动物,无法孤立地生存,别人在我们的目光里,我们也在别人的目光里。

因此,你可以让自己的外形保持一种良好的状态,比如把身体打理得干干净净，穿得精神一点，掌握一些色彩搭配知识，抬起头走路，挺直脊背……这些都是很有必要的。

## 2

美的确是一种客观存在。大自然造人，也像它制造万物一样，有的在线条、色彩、比例等方面格外完美，看上去让人赏心悦目。

美貌是一样礼物。

但是，世界并不是只有美丑两极。在美与丑之间有广阔的中间地带，大多数人都身处其间：不特别美，也不特别丑。

你的身体是大自然的一部分。造物主不会造出千篇一律的美好，我们所生活的这个世界特点就是参差多态。每个人都不一样，长相不一样，声音不一样，天赋不一样，气味不一样……这些不一样，构成了自然界的大平衡，也构成了每个个体存在的价值与理由。

英国著名电影演员凯特·温斯莱特，在《泰坦尼克号》《革命之路》等众多影片中出演过女主角，曾获奥斯卡最佳女主角奖，她说过这样一段发人深省的话："我小的时候，从来没有听一个女人说过'我爱我的身体'，不论是我的姐姐、妈妈还是好朋友，从没有一个女人讲过'我为我的身体自豪'这样的话。所以我一直这样跟米娅（女儿）讲。因为关于自己身体的正面观念要从小培养。"

由于女性在外貌方面受到的规训特别多，凯特强调了女性要"我爱我的身体"，但事实上无论男女，爱自己，都要从爱自己的身体开始。

## 3

整个社会都有漂亮崇拜。商业社会为了促进消费，会制造一些美的偶像，他们如此完美，让人仰慕，也在不知不觉中把人们的观念引到一条狭隘的、破坏自然的道路上。

当我们为那些"完美"的标准俘获，开始用一种严苛的目光打量自己，就会相信自己欠缺很多。

过于狭隘的所谓美丽标准，会给人带来粗暴的羞辱，带来精神上的畏缩。

但事实正是——"脸是我自己的，身材是我自己的，与他人无关"！

人性中黑暗与光明的面向始终在较量。一个青春期少年如果外貌不符合主流审美，比如雀斑、胖、身体残疾，会比较容易遭到校园欺凌。要战胜欺凌，首先自己要建立起对外貌的正面观念——爱你的身体，哪怕它不完美；绝不能认同欺凌者的逻辑，让他们的嘲笑吞噬你的心灵。

不要接受羞辱,同时也不要用狭隘的美的标准评判他人。这样整个社会在美这件事情上会变得更为松弛、开放。

墨西哥女画家弗里达·卡罗如此自述:"过去,我曾以为我是世界上最怪异的人。但后来我想,世界上有那么多人,肯定还有人像我一样,觉得自己怪异、充满缺点。我会想象这么一个女孩,然后想象她也在想着我。假如她能读到这段话,我希望她知道,我真的存在,我和你一样古怪。"

是的,我们都不完美,但我们都真的存在!

4

谁又有资格用千篇一律的美来评定你的价值呢?

在互联网上有个团体,名字叫"重新定义美丽",他们对美丽的定义是:善良、富有创造力和坚强。

这个组织的成员每个人画一幅画来代表自己,然后写下他们认为自己"善良、富有创造力和坚强"的理由,也就是自己为什么美丽的理由。

我很善良,因为我忠诚地对待朋友,还是个富有爱心的女孩。

我很坚强，因为我从每次的失败中学到经验，然后继续前行。

我富有创造力，因为我用自己的言行给周围的人以积极的影响。

善良＋坚强＋创造力＝美丽。

我很美丽，因为我热情、独立并且擅长发现他人生命中的独特色彩。

我富有创造力，因为我通过时尚表达自己的个性。

我很善良，因为我心思缜密，并且总是把我爱的人们的感受放在前面。

我很坚强，因为生活中的悲剧教会了我接纳和欣赏。

我很美丽，我叫蒂芙尼。

事情正是如此：我们将携带着与生俱来的外貌前行，同时可以依据自己的爱好与特质，用美的行为来展示自身的美丽！

让我们重新定义美丽。

# 在人群中成长

人际关系是青春期开始修习的一门重要课程。"谁都不是一座岛屿，自成一体……因为我包孕在人类之中。"英国诗人约翰·唐恩如此写道。的确，生命的舞蹈需要广大的空间，一个人终究无法单独地温暖自己。我们需要开放心灵，释放热量也攫取热量，影响他人也被他人影响。

成长，就意味着打开自己，去感受更多的心灵与更广袤的世界。

然而，在打开自我的过程中，如何去处理与他人的关系？钱穆先生曾表达过这样的意思：每一生命个体都有一个"自我"，而其他个体都是"非我"，以一个"自我"面对千万个"非我"，痛苦的摩擦在所难免。

虽如此，我们却无法因这痛楚而放弃在人群中的成长。

## "不知为什么,我把没摘到蒲公英的事说了出来"

从小到大,父母对我的管束特别严格,这使我成了一个严谨认真、除了学习心无旁骛的女孩。慑于家长的威力,我从不敢胡思乱想,也从不主动和男生谈话,尽力保持着与男孩子间的距离。其实,岂独对男孩这样,与身边的同学朋友,包括女生,我和他们都是隔膜的。我的学习成绩很优异,工作能力也不错,各方面都蛮优秀的。在别人眼里,我是父母的乖乖女,是老师的宠儿和得力助手,经常听到的都是赞不绝口的话语。

也许正是因为这种长期以来形成的优越感,我不知不觉养成了一种清高的性格,总认为自己什么时候都是最棒的。我对每一件事都非常自信,觉得可以靠自己的力量去完成得很好,不轻易接受别人的帮助。在与同学的交往中,我都持一种"想同我交朋友,就请主动来跟我讲"的态度,从不主动去和谁交往,所以朋友很少。许多人对我的评价是:冷漠,不热情,不爱笑,憎恨同男生交往。我不是一个很受大众欢迎的人，只是凭着各方面出众的表现而得到大多数人的尊敬，但没有几个人主动地接近我，他们认为我是个难以接近的人，甚至是有点凶的那种。

随着年龄的增长，我对朋友的渴求越来越强烈，特别是上了高中，一度感到很孤独。我变得忧郁起来。我看着同学们在一起，嘻嘻哈哈地谈笑风生，便觉得不是滋味，更添了一分寂寞。那时候，我多么希望能有一个贴心的朋友说说心里话啊！由于习惯了一种内心封闭的生活，我有什么事总喜欢自己闷在心里，不愿同别人说，也可说是不信任别人。关于自己的一些缺点、小秘密，只能深埋在心底，因为在别人看来，我很优秀、完美。我养成了一种"伪装自己"的心理，就是努力保持好的形象。这一切使我感到越来越累，像背着个大包袱，压得喘不过气来。我想释放又不敢，想倾诉又找不到可以信赖的人。

后来，慢慢地，我发现班里有个女孩似乎很喜欢接近我，时不时主动地来找我聊天。看得出，她注意到了我孤独忧郁的神情。刚开始，我只当她是出于一种对"好学生"的兴趣，想了解一下我是个怎样的人，所以也就没太在意，对她的关心只报以善意的微笑。后来我们接触多了，彼此渐渐了解了。她是个很活泼的女孩，爱唱爱跳，也很有才华，样样都可以来一手，只是成绩稍差点，但我并不在乎这点。可能是受到她那快乐天性的感染吧，我也逐渐变得快乐多了，笑声多起来，心情也好了。我从内心里感激她给我带来的一切。

在挺短的时间内，我们便成了很要好的朋友，几乎形影不离了，经常在一块儿聊天。我觉得自己变了不少，脸上经常挂着笑容，感到有一只温柔的手在轻叩着蒙尘已久的心房。她就是我一直期盼的知心朋友，不是吗？我这才发现，我们已不再只是普通的朋友了，我们相互倾吐心声，互相帮助，解决一些问题。那个时候，和她在一起我时时刻刻都很快乐，从来没有过的快乐。她伴着我度过了17岁的生日，还送了一份很有意义的礼物：连心匙扣。一半给了我，一半她自己留着。我们的关系更融洽了，做什么事都喜欢在一起。

可是，在此后的一次大考中，我的成绩滑坡了（虽然还是班里的前十名）。我找不出什么原因，家里却很担心，逼问是怎么回事。思来想去，我竟归结到是我和她玩得太疯的缘故（其实并不是），而没有承认自己的努力不足。这深深地伤害了她。从那时起，她就成了"罪魁祸首"，一些同学也以为是她"带坏"了我，使我成绩下降了。面对这些风言风语，我沉默了，同她的接触一下子少了起来，有时甚至故意躲着她，回避着那委屈的目光。我很不好受。家里人再三警告：学习期间，不用交那么多朋友，什么知心好友之类的，不一定非交不可，一切以学习为重！一直很少违抗父母命令的我，很不情愿地在她面前埋下了头。她什么也没有解释，对那些责怪保持着缄默，并不为自己辩护。看得出，她深深地陷入到一种自责中，一改往日活泼的性情，不大爱说话了。跟我一样，她终日坐在位子上，很少开口，教室里少了她欢快的叫喊声。我们的距离在一点点拉远，而我却只能眼睁睁地看着这友谊的消逝。

终于有一天，因为一件小事，我们翻脸了。她有很多朋友，是个善于交际的人。那次她忙着给朋友写贺年卡而顾不上听我说话，我便决意赌气不理她了。接下来的几天里，我见了她就像见了仇人似的，转身就走，不打一声招呼，不说一句话，还跟几个同学说她怎么不好，怎么"舍近求远"（因为当时我觉得她更关心远方的笔友）。同学中又是一阵对她的非议。她还是沉默着，任别人去说。她几次假装不知道我的刻意回避，主动找我说话，可我挺得寸进尺的，没有想到这已是相当不易的道歉了，继续给她冷脸。我们俩的脾气都挺倔的,她更是不轻易向别人道歉,即使是自己错了。我们都认为是对方太过分,应该是对方道歉。这样僵了一个多月,我先顶不住了,给她写了一张纸条,说她伤害了我,并请求和解。

她的回信,让我重重地挨了一棒。她说我们只有短暂的缘分,不可能再像以前那样亲密无间了,至多只能是一般的同学、朋友关系,让我别再指望回到从前的好时光。我这才意识到,真正受伤害的,不是我,而是她。我很想挽回这一切,于是又写了一张纸条。她回了短短几句话:"我已不知道说什么好了,时间对我们都已变得很宝贵,要做的事很多……"捧着她的字条,我的心在流泪,我竟一手摧毁了好不容易建立起来的友谊,我真的不能原谅自己。

接下来的日子,她对我日渐冷漠,几乎不说什么话,也不再待在一块儿,更千方百计地避免同我走在一起。我一下子又跌回了孤独的深渊,每每想起以前快乐的光景,便再也控制不住那份伤心和失落感。我一点也不怪她,只感到深深的愧疚,觉得对不起她曾经给予我的那种最真挚的关怀和友爱。有一段时间,我几乎夜夜做梦,梦见我们在一起玩得很开心,可梦一醒便什么都没了。很快,高一生活结束了,我们分了班,我读文科,她念理科,见面的机会更少了。

她17岁生日那天,我跑到郊外,想给她摘一束蒲公英,因为她最喜欢蒲公英。我费了老半天劲儿,弄得满身刺果儿摘回一大束蒲公英时,别人却说那不是的。我不得不心痛地扔掉了那原本想送她的生日礼物。后来,我挑了个印着"惜缘"两字的镜框给她。在送出手的一刹那,心底掠过了一丝悲哀:该"惜缘"的,是我才对呀!连缘分都没珍惜好的人,却还在幻想着"续缘"?做梦!

不知为什么,我把没摘到蒲公英的事说了出来。她只是淡淡地笑了一下,不知是在嘲笑我笨,还是在说这已经不重要了。

## 做一个"真"人比做一个"优秀"的人更重要

这个故事让我听了挺不好受的。我想到了狄更斯笔下的露易莎和汤姆,如果不加以警醒,你将会是他们俩的合体。

《艰难时世》中的格雷戈里是名国会议员,他对教育有自己一套顽固见解,那就是除了"事实"之外一切都是无用的,都不要教给小孩。

"记住,我需要的是事实。除了事实,不需要教给这些男孩女孩子任何东西。生活中唯一需要的是事实,别栽培其他事物,把别的一切都清除干净。"

他就以此为原则培养自己的孩子露易莎和汤姆。

格雷戈里先生要的尚且是"事实",你父母的人生观比他更功利,他们只要分数。讲述中寥寥数言,已经让我看到这对父母的面貌,我好像听到他们的发声,套用格雷戈里先生的语言,那就是:

"记住,我需要的是分数,除了一个好分数,你不需要任何东西。你不需要好奇心,不需要他人的好意,不需要人性、人的热情……这一切都用不上,把它们都从你生活中清除干净,特别是如果妨碍了你的分数的话……"

他们不理解活力、激情、欢乐、丰富、柔软,也不理解人性的脆弱,他们考量事物只有"有用"与"无用"两个标准,而"有用"是一切的尺度,唯一重要的东西。

你的生活,被这种庸俗势利的观念支配了。原谅我的愤怒,我无法说出对这些在现实生活中大行其道的观念与行为的厌恶与鄙薄!他们在剥夺你,而你尚没有能力意识到这点。他们剥夺的是生命中无法估价的东西,灵魂中那些美好的东西。蒲公英飞走了,最终,你发现自己站在一块荒芜之地,为世界这般凄凉而震惊。

让我们从头来看一下这一切是怎么发生的——

"从小到大,父母对我的管束特别严格……"——想象一下这几个字后面发生的一切吧,你从生下来起就被修剪、被刈割,活跃的思维与灵活的质素都被斫除。你长成了一个"从不敢胡思乱想""心无旁骛"的小孩。

你呼吸着功利的空气长大,浸润其中,自得于优秀——优秀得像个假人。

但你终究是个真实的有血有肉的人。人,难道不会怀着情感的饥渴吗?到高中,你变得忧伤,就是因为这种饥渴你从没有得到片刻的满足。你父母那种严格管束与人性中自然的渴望是存在矛盾的。人们无法忍受日复一日没有色彩，单调又坚硬的生活。人们需要依偎一点柔软的东西。心灵在好奇，在渴望欢乐与相互理解。这些，都不是分数可以带来的。

上高中之后你感受到的孤独，其实是人心自然升起的呼唤。仿佛应和着这呼唤，那个女孩出现了。多好啊！通过你的叙述，我仿佛听到你们欢快的笑声，亲密的言语。

然而，你的思维与观念有一部分已经成型。你是一天天长大起来的，父母在你心中栽培的一些东西也一天天萌发。你接受了他们的要求，从无怀疑。那种功利的价值观一部分也内化为你自身的价值观。你已在习惯以计算的方式来看待事物。

你内心隐藏了很多恐惧。当考试分数下降——根本不能说明什么的一点点分数而已，但你和父母都如临大敌。为了抵挡责骂，你本能的反应就是把"过错"推诿给朋友。

你明明知道事情并不是这样，你也明明看到朋友因为你在班级里遭受非议，被人排挤，你不仅没有挺身而出，反而低头回避。

当你看到她在痛苦中，为子虚乌有的过错自责，你没有歉意，没有抚慰和宽解。事实上，你以行动加入了排挤她的行列。

所谓友谊，只是你单方面索取她的陪伴。而你自己，随时准备扔掉她。

从她的角度去想想她所置身的那个环境吧！怀抱着善意与

热切，敞开心扉去交朋友，这位朋友却把莫须有的过错推给她，使她陷入困境。随后这位朋友还一再地背转身去，对她的困境不理不睬。

她身处的难道不是一个冷酷无情的世界吗？这个世界的打造难道不是有你一份吗？

淳朴真诚的胸怀消失了。原该培植的友谊花园，是优雅芬芳充满人情味的，现在却显出了丑陋。

在你这个年龄，生命原本该是生机勃勃如旷野，生长各种植物，流动着新鲜的空气，头顶有云彩或星空。然而，它却变成了不毛之地，只长出人性的荆棘。

灵魂中那些美好的东西在第一时间被你捐弃了。被剥夺的少男少女，变成空壳，变成假人，长大后成为情感的僵尸。

格雷戈里先生认为只有"事实"才能去构造有理性的动物的大脑，其他一切都用不上。他不懂得理智里面含有智慧，情感里面同样含有智慧。

忽略情感培养的露易莎与汤姆变成了怎样的人呢？生活的单调让他们压抑得要发疯。露易莎年纪轻轻就厌倦了生命：

"我厌倦，父亲。"

"你厌倦什么，露易莎？"

"我不知道厌倦什么——我是厌倦一切事物。"

她只觉得了无生趣，生命虚幻，怎样都没关系。她麻木不仁地任人摆弄，对于决定自己终生幸福的事情，也只是淡淡地说："这有什么关系呢，父亲。"

汤姆则变成了一个小恶棍。他同样厌倦生活，但他体现出的是仇恨："我厌倦生活了，露，我非常恨它，我恨所有人，除了你。"

尽管声称"除了你"，然而，他完全不为露易莎的幸福考虑，他工于算计，这种算计首先把自己放在第一位，为此牺牲所爱的姐姐也在所不惜。为了自身前途，他推动姐姐去嫁给她所不爱的人。事实上他对任何人都不感兴趣。他挥霍无度，窃取银行钱财并嫁祸于人。父亲的刻板教育不仅没有让他成为一个理性的人，而是彻底走向反面。那些所有被压抑的东西都在变本加厉要求还回来。

露易莎放弃了自身的幸福，汤姆则损毁别人的人生。这就是功利教育结下的畸形果子。

活得过于功利，就会在自己与微妙的人性本质之间树起种种藩篱。生命就不自然了，就扭曲了，就长不好了。

谢天谢地你还没有被彻底毁掉。我看到了你的痛苦，痛苦是一种激情；看到了你的忏悔，忏悔意味着反思。蒲公英飞走了，事实上你的确从未认识过蒲公英，一如你从未真正认识人类宝贵情感的真实模样。

那些凡是可以用数字来计算的东西，怎么可能比心灵更美丽更高贵。

再多外界的认可，又如何抵得过你自己心知肚明的内心创痛。

以后的人生中，放弃你的疑虑重重，去当个淳朴真诚敞开的人吧！

一个人终究需要来自外界的温暖，这是生命本身如饥似渴的要求！

## "别人叫我老虎"

我生活在一个"硝烟四起"的家庭。我爸可以说是天底下最惹人恨的人,他小心眼、自私、胆小,一点气量都没有。他思想顽固不化,非常懒惰,懒到把家当作旅馆和饭店,懒到只愿意坐在诊室里发呆,哪怕家里很需要钱。更可怕的是,他的脾气特别坏,在医院里像个长舌妇似的说东家长西家短,还会瞎编,抨击他嫉妒的人,或者说一些不怀好意、不合时宜的笑话。别人当然生气,他又从不愿认错,那张嘴又臭又硬,很快就跟人家吵翻,几乎每天都要吵上几次,甚至发展到打架。回到家,他还觉得不公平,还气得要命。如果我妈劝阻他或是不"帮"他,他就骂,大骂,甚至打我妈。如果妈妈只是劝他别生气,不是人家的错,他又会发怒,像头被激怒的狮子。他跟他的大哥、二哥全吵翻了,伯伯到我家只肯找我妈当"传声筒",可笑吗?他待自己的小孩,也像猫对老鼠,动不动就打骂。

我从小就很少与人交往，从7岁那年搬家到中医院后，就是孤零零一个人待在家里。哥哥大我5岁，和我玩不到一起。上小学以后，因为我成绩好，当时的同学才来巴结我。到四年级时，她突然变脸了，大概是因为我不肯借作业给她抄吧，她整天和旁边两个男生欺负我，我就边反抗边听课，还在日记里喊道："我不是他们的仆人！"

班里一些同学对我更是冷嘲热讽，尽其所能打击我的自尊心。我像一座压抑的火山拼命学习，考上了学校办的奥林匹克班。成绩差时，有人嘲笑；成绩好时，有人说风凉话。我不知道这是不是因为我的交际能力太差，不会说好话，不会跟人分享零食，不会花钱买礼物，不会讨老师喜欢！我只知道，我唯一能讨老师喜欢的是成绩。

四年级时，我家遭到重大变故：我哥得精神分裂症了。那时我还不知道他的病情，只知道他喜怒无常，撕我的书，看我的日记，翻我的东西，阻止我做事情，吵得我睡不成觉。我很生气，每天都要跟他打一架。嗓门越吵越大，眼神越吵越凶，手也动不动就挥起——搞得同学说我是老虎。话也越吵越冷，脾气也越来越坏。我妈说："你怎么越变越凶了，你以前不是这样的呀，好像从四年级起就变样了。女孩子要温柔点呀，看你哪像个女孩子样儿。"

我听了就不服气，我从来不喜欢娇滴滴的女生，凡事爱跟男孩子争个高低，男生能做到的，我也一定能做到，甚至超过他们！我很讨厌世俗给男女的定格：什么女孩子要文静啊温柔啊，男孩子就不用……我妈啊别人啊越这么说我就越反感——为什么男的要这样，女的要那样？我偏不，我偏不！

可是在班级里，无论是和男生打交道还是和女生交往，我都不行，同学们老爱喊我"老虎"。谁爱给人家这么喊啊，太可恶了！我怪伤心的，又生气又没办法。为了不低声下气，不降低我的自尊，我说话总是很大声，没有好声气，从不愿好好说，求人家——因为我认为这样就是低头了！所以，除非逼上梁山，否则我一切自己动手，麻烦也不怕。但是，班里的人总是不愿理我，我问什么他们也不答。我很自信，又很自卑。我除了成绩，一无所有！

中学我在一所很有名的学校读奥林匹克班，可谓好学校中的最好班级。第一学期，我的自理能力差，闹出的各种笑话在班里人人皆知，我的自尊心指数降到了负一百。

第二学期，我只想拾回自信，生活方面不再闹笑话了，我在交际能力上的严重缺陷却暴露了出来：情绪冲动，喜怒无常，不会说话，不愿帮人和求人。我在班里孤独极了，没有什么人缘，大多数男同学对我更是敬而远之，编队时，两个男生为了调得离我远些而大吵。我很伤心。这类事情太多了！唉，谁叫我被人叫作"老虎"呢，我一说话、一生气，大家就说："啊，老虎来了！"久而久之，好多人竟忘了我的本名，其他班的同学也知道了我是"老虎"。

室友们一致认为我需要培养一个良好的性格，于是我也反省，是不是要改变一下自己。我按她们说的，一头埋进了心理书中。结果心理理论看了不少，却不知实际从哪儿入手。看到一条条的守则先吓了一跳，我本性不爱受约束，要守这么多条条框框，简直不可能。

初二时，我跟班上的女生关系有所好转，还交了两个好朋友。但我还是经常跟同学有摩擦，我莫名其妙地就觉得这事不是我干的，与我无关，我不负主要责任。我嘴硬，不肯认错，面子拉不下。我从没试过好声好气地道歉，那样子，有多难受呀！不干！

大家都对我的生活习惯有意见，后来我改了很多，可是一有什么不对头,仿佛是思维定式,她们立刻讯问我。这让我觉得很不公平,情绪就立刻坏了,说话口气也凶凶的。她们常把我当笑料,没人理会我。看到同学们成群结队的,我就备感寂寞,情绪一直低落,很压抑。所以一有"导火索",我就如火山爆发,吓死人了!整个恶性循环。

曾有个男生像哥哥似的劝我,说话不要那么冷酷,没礼貌,过于直率;不要总是出口伤人,没有一点好声气,让人听了很不舒服。末了,他还会摇摇头说:"你不要总认为我说你,我是看不惯才说的。有谁会理你?搞到没人说你你就惨了。"

我听了心里一惊。但我如果改了不就是"投降"吗?是,我情绪化,乱发脾气,冷酷,对人漠不关心,可我也没有从这个世界得到多少关心呀。我叛逆,那又怎么样?我凶,那又怎么样?不凶,别人就不当你是一回事!

我的思想是野的,从小到大,自己思考,自己长大,没人教导我,给我指引。

## 最难说出的，是"我想被爱"

### 1

我知道你很愤怒，犹如一头被激怒的小老虎。

你对父亲愤怒，对家庭愤怒，对学校愤怒，对同学愤怒。周围的一切都让你难以承受。于是你决定：既然这个世界待我不友善，我也绝不能示弱；既然一切都不可靠，甚至令人憎恶，那从此，我只为我自己的快乐满足、自己的仇恨愤懑而活着。

当环境使人感到失望，而人又感到自己无力改变、要求什么，人们就会尝试退缩到只有自己的狭窄天地，想把整个世界屏蔽。

那么，这封信，我就想和你讨论一下：这是否是可能的？

### 2

人们与外部世界相处的风格是在童年就形成的。

一个小孩子身边，如果成年人是理性的、成熟的，他们自身就会成为榜样,并且给小孩子营造出一个安全、从容的心理环境。小孩长大过程中内心会比较和谐,而不是充满愤怒与冲突。

不幸的是由于父亲的人格缺陷,你的环境里满含敌意,"硝烟四起"。从童年开始,你在心理上就处于一种紧张状态,与人群就是疏离的。

你又是个聪明敏感的孩子,这样,你形成一种性格特质,既有自卑情结又有优越情结,前者让你焦虑、悲伤、羞耻、窘迫,后者让你争强好胜、没有耐心、情感暴烈、疑虑重重。

心理学家阿德勒曾说:"生活风格,是在孩子还无法表达他的时候就建立起来的……这个风格是他从来没有用语言去诠释过的,因此他也无法分辨对错,甚至不能接受他人的批评。"

你父亲与外部世界的关系是紧张敌对的。你有没有意识到,在不知不觉中,你模仿了你的父亲?对社会失去了信赖和安全感,怒气冲冲攻击别人,是你们保护自己的方式。

这当然不是你的错,因为我们每个人都被环境塑造;但它的确会影响你日后人生的走向,不及时扳正,甚至可能让人生脱轨。

3

但是,你当然与父亲全然不同!你父亲已经被塑造成型,而你是一个充满锐气与悟性的新鲜生命。你在思考自我,思考环境,你在按你自己的方式成长,为自己的人生做一些决定。

诚实地说,你的桀骜不驯中有我非常欣赏的东西。

当妈妈说"女孩子要温柔点呀,看你哪像个女孩子样儿",你听了就不服气,"我很讨厌世俗给男女的定格:什么女孩子要文静啊温柔啊,男孩子就不用……我妈啊别人啊越这么说我就越反感——为什么男的要这样,女的要那样?我偏不,我偏不!"

你对世俗的规训不是不假思索地接受,你不轻易向一些满含偏见与歧视的观念妥协,真的希望多有几个女孩像你这样呢!这不是什么叛逆,这就是独立思考精神。你的头脑善于思考,虽然目前还是"野"的,但野性也正是生命力的体现。

你的学业成绩优秀,说明你在智力、求知欲与学习能力这些方面都令人称赏。你像一个一脚高一脚低走路的人——高的是你的智力,低的是你与外部世界的合作能力。

你已经感觉到了障碍。那么,你的思考中应该包含这个内容:是继续像某些野生动物般孤绝地生长,还是对环境有所回应,调整自己的观点与行为,学习与他人合作?

4

实际上,人类社会已经不可能存在真正意义上的独立生存。现代社会不再是丛林,谁也不可能当个单打独斗的野生动物。

一次，在人类学与考古学家玛格丽特·米蒂举办的讲座上，有听众提问：发掘出一个原始部落的遗址后，你怎么判断这个部落是否已经进入早期文明阶段了？

玛格丽特的回答出人预料，文明的标志不是陶器、鱼钩、磨米的石臼之类，而是"受伤后又愈合的股骨"。

——在一个完全没有开化的部落，如果有人股骨受伤，那就意味着他不能行动，他会死掉，因为丛林法则就是残酷的优胜劣汰。但是，如果在一个部落的遗址中发掘出受伤后又愈合的股骨，说明这个人受伤后得到了其他人的保护和照顾，有人跟他分享水、食物、火堆，直到他的骨伤愈合。

玛格丽特教授的结论是：当人们开始帮助别人而不是只顾自己的时候，就意味着文明开始了。

一个文明社会，不可能离开社会合作，这是进化的要求。这也是青春期的重要命题。阿德勒认为青春期的一大任务就是"发展自己的社会兴趣，为将要来临的合作做准备"。

社会合作的含义，就是一个人为了适应各种困境及挑战，开始懂得寻求他人或社会的力量及资源。他能够根据环境调适自己，做出利人利己的最佳安排。

在这个世界上，谁不再爱别人，不再信任他人，谁就是孤独的。不管你在与他人的关系中受过怎样的伤害，把自己封闭起来一定是最糟糕的选择，也是不可能真正做到的。

## 5

礼貌不是伪善,它是我们生活在社会中,对他人表达善意的一种方法。保持礼貌是因为我们重视自身的美好与体面,我们自己希望得到礼貌的对待,那么我们也必须礼貌地对待他人,在意他人的感受与尊严。这是一种双向的给予:你尊重自己,所以尊重他人;当你尊重他人的时候,也是在保持自身的尊严。

你向往自由,但放弃了礼貌。殊不知恰恰是礼貌维持了人与人之间的正常界限,从而维护了每个人的自由。

## 6

如果对世界说出"我爱"是困难的,那么更难说出的,是"我想被爱"。爱像一股泉流,本应源源不绝地滋溉每个渴望爱的心灵,但你的爱泉从你幼年开始就被堵塞了。但你想被爱的渴望不会因此消失,反而聚集成了堰塞湖。

是的,你想被爱,但你说不出来。是那些创伤阻止了你,是你曾感到的羞耻阻止了你,是你既自卑又自傲的心结阻止了你。打碎那尚未成型的盔甲吧,学习保持独立的自我,也学习露出灵魂里柔软的那部分,它们都是真实的你。

## "如果什么都不能分享,还叫什么朋友"

到现在为止,我和卓然认识六年了,占据了我们已有人生的三分之一。

我们一进初中就成了好朋友,原因纯属"臭味相投"。

卓然是白富美。有一次上社会学课,老师请一位同学描述别人的特征,但是不要说出名字,看其他同学能否从这些特征中辨认出所说的是哪位。

一男生站起来:"有钱的,住别墅的,家里有三辆宝马的……"他说的是卓然。

课后卓然哭了。因为她不喜欢别人这样看待和评价她。如果说:爱画画的,爱唱歌的,爱写东西的……她就会很高兴。

卓然画画和唱歌都很好,我自己没什么艺术细胞,却特别喜欢有艺术气质的人。

很快我又发现我和卓然说话的方式很像,我们那种无厘头的说话方式,其他人在旁边听见也不知我们说什么,但我们自己一听就懂。

比如她嘴里乱唱:"北轰吹啊吹……"

我:"应该说朔风!哪有人用这么肤浅的词啊!"

她:"我说的是北轰又不是北风!"

我:"那是什么?"

她:"没门牙的人说的北风啊!"

然后她继续唱:"北轰吹啊吹……"

我接着唱:"把飞机吹上天……"

初中三年我们就这么如胶似漆地过来了。据同学说,我们俩在一起的时候和单独一个人的时候完全不一样,我们之间有说不完的笑话,也不知有什么好笑的,反正就乐个没完。

卓然有亲戚定居瑞典,她父母早就计划让她去瑞典上大学。

恰好我也很早就有出国留学的打算。初中毕业,我中考考了挺高的分数,但还是决定上国际班,而且要跟卓然上同一所中学的国际班。这样,高中我们继续成为同学。

高二上学期,卓然离开了学校。父母准备让她高二就走。

卓然拖拖拉拉做着申请,父母也由着她没有催促,高二那年没能成行。此前她已放弃申请美国和英国的大学。

这时候我俩的生活轨迹分岔了。我继续过着高中生的生活，忙于学校大考和托福、SAT考试（学术能力评估测试），然后是申请学校。卓然则一直宅在家中，迷上了网游。

我也去下载了游戏，这样我们才能在游戏中相遇。

申请学校，过程中的酸甜苦辣我很想跟朋友分享，但是卓然不要听。她一听我说起学校的事情，不管是关于高中的还是关于大学申请的，电话那头会突然变得一点声息没有，就好像信号出了故障，电话暂时中断一样。

我选定了就读的大学。暑假中学校便来了选课通知，选好课之后，颇有点小兴奋，感觉前方的奋斗目标变得具体了一点。可是这些都不能跟卓然分享，因为那也是卓然不要听的事情。

不能提同学、其他朋友，不能提学校、学业……我感兴趣的话题在卓然面前变成禁区。

与此同时卓然的话题又是我没有兴趣的，她跟我说她妈妈花十几万块买的手袋，她自己花五六万块买的笔记本电脑，可是我真心对她妈妈的手袋和她奢侈的电脑都没有兴趣！

尽管如此，我还是会保持礼貌做点回应……但是我说到她不感兴趣的话题，她就可以突然沉默，什么也不说！

后来我们之间唯一畅通无阻的话题只剩下游戏。

终于某天我下了一个决心，把电脑中下载的游戏删除了。本来我对游戏就没有真正的兴趣，玩游戏的一个重要因素是希望与卓然的生活有交集。

卓然的反应非常激烈，打来电话问我为什么退出网络游戏，语气几乎是质问。

"我就是不想玩游戏了。"我拒绝了她要我再次下载游戏的要求。

然后我们彼此很久不再联系。

有一天全家人一起看一档真人秀电视节目，那一集恰好是我和卓然去现场当过观众的。我给卓然发了一条短信："我们那天在现场看的节目今天播出了……"

卓然回："我一直在想，你是不是打算跟我绝交了？"

"没有。但我的确想过要跟你好好谈谈，又怕不大合适，最后决定还是什么也别做吧。"

"什么也别做的意思就是绝交吗？！"

"不是。我只是觉得你变了，和过去的你不一样！"

"我一直是这样的，如果你以为不一样那只是你的误会！以前我们开玩笑地说过'七年之痒',今年是我们认识的第七年,'七年之痒'难道要变成现实吗?"卓然的情绪很激动。

我花了点时间给她回短信:

"你有没有想过,后面的日子我们可能是生活在完全不同的两个世界?你随便选所大学读一读,混过四年,跟我们过去谈论的那些富二代有什么两样?回国以后在你爸爸的公司里找个事情做,或者在家当全职主妇。而我那时,可能还在为几万元奖学金苦苦煎熬?

"你是个有天赋的人,唱歌画画写作都好,可是现在你对这些好像都没有兴趣了……我们对彼此的事情也不再感兴趣。如果什么都不能分享,还叫什么朋友?

"你的人生一直在退,现在已经退到无处可退的地方。必须要承认你现在的确落后了,可是这一点落后是赶得上来的……"

卓然回:"你是在劝我吗?"

我:"算是吧。"

卓然安静下来,我们继续聊了很多很多。

经过这激烈碰撞的一大回合,我们的友谊修复了。

现在我们在两个国度求学,依然是好朋友。

去年年底一段时间，我们俩，还有在英国读书的一位共同好友，都有点心理亚健康，孤独、迷茫，多少有点着急和恐慌。那段时间我们的状态，就是各种担心，担心遥远的未来啊，担心不那么遥远的未来啊，担心学业，担心人际，担心没特长，担心不能做喜欢的事，担心喜欢的事做不好……

卓然在瑞典，不喜欢现在学的东西，不知道将来要干什么工作，又孤单又想家。

新年，卓然在微博上给我祝福：

新年快乐亲爱的，去年怎样我们都清楚，今年别再可劲儿折腾自己了，放轻松啦。车到山前必有路，船到桥头自然直，没了我你就不记得这话了吗？放宽心点，所有事情到最后都一定会是好事，不是好事就是还没到最后！不要着急！暑假见！我想你！

有这样可以相互做点思想工作的朋友，真是好事情。

## "同桌在那一刻向我展示了一种真正的友善精神"

我和同桌关系一直不错。我喜欢画画,学习成绩一般,将来的志向是考美术学院。同桌则是学霸级人物,排名在班级前五,但她不是一个以分数取人的人,从来没鄙视过我的成绩。不仅如此,她喜爱艺术,一直很欣赏我会画画这点。

我们相处得很愉快,但也就是像一般小女生的友情一样,课下聊聊天、过生日互送个礼物之类的,并没有感到当中有什么特别不一样的东西。

一直到中考历史考场上那一幕发生。

中考,历史和地理这两科是开卷考试。考试过程中可以自行从书中寻找答案,但必须独立完成试卷,不允许交头接耳和传递东西。

那天一早到了教室,还有半小时考试就要开始,这时我才发现自己竟然没带一本最重要的历史参考书!老师一直用那本参考书帮我们复习，很多重要的题目都在上面，答案要点也列在上面。

开卷考试，却没有带最重要的一本参考书！我一直是个丢三落四的家伙，但这次也粗心得太无厘头了吧。我真是对自己深感无力。

同桌知道我的窘境后，稍微思考了一下就说："要不你拿我的参考书去用吧。"

我都不相信自己的耳朵。历史虽然是副科，但成绩也是要计入总分的！她把参考书给我，就不怕影响自己的成绩吗？

"那你自己怎么办？"我问。

她笑着说："没事，我有课本就行。你们都习惯用那本参考书，我倒是更习惯用课本，我对课本比那本参考书更熟，可以更快地找到要点。"

话是这么说，作为开卷考试，手头的资料肯定是越多越好啊！

接下来，只见同桌在一张空白纸上快速地写着，"嗒嗒嗒嗒"迅速抄下那本参考书上画了红杠杠的几道题，然后把书朝我一推："你拿去用吧！"

面临中考这等大事，每一分都很宝贵，而在这节骨眼上，同桌把如此重要的参考书给了我。

很开心最后她的历史依然考了个极高的分数,成绩并没有受到影响,但是我永远记得她把参考书朝我推来的那一刻。从那以后,她在我心目中的形象就变得非常崇高了。

我想每个人都是希望自己成为一个友善的人吧,关于究竟怎样才是友善,我读过一句话:"友善包括了解别人的愿望,适应他们,在必要时牺牲自己的意愿。"

同桌在那一刻就向我展示了一种真正的友善精神。

## "我仿佛可以和星星对话……"

我一直认为周围几乎没有人能够真正了解我。这不能全怪别人，或许我自己的性格也存在着不少缺陷。性格内向，不爱说话，总是放不开，这些阻碍了我与别人的交流。我不清楚自己在别人心目中是什么形象，如果硬要我猜测的话，我想一定是个不苟言笑、固执死板、软弱无能的人吧。我总有这样的想法：自己的存在与否对别人似乎是无关紧要的。

我这人自卑感很重。老师多次选我当课代表，鼓励我加入共青团组织，可我怎么也不肯答应。为什么呢？因为我觉得自己不够资格，也没有能力干好班级工作。我怕万一做得不好被同学们笑话，怕他们笑我好高骛远、骄傲自负。我曾努力摆脱这种情绪，可每次努力的结果总是失败。说老实话，我对自己相当失望。

说起孤独感这回事，我想绝大多数的青少年都曾有过。我不知道这样的论断是不是太武断了，反正我是饱尝了孤独的滋味。

三年初中生活的刻骨铭心，并不是对那段时光的美好追忆，而是因为学习的单调和心灵的孤独。我不知自己是如何度过三年初中生活的，现在回忆起来，简直是一场噩梦。那个时候，我几乎不和任何同学交往，一头扎进书山题海中。每日与我相伴的，只有自己孤单的身影。尽管当时我的成绩很好，但我的内心却是相当痛苦的——我渴望友谊，渴望理解，渴望被关心。成绩拔尖招来众人的嫉妒，竞争对手一个接一个。令我痛心的是，竟有人撕我的考卷，偷我的复习资料。为了分数，什么样的竞争手段他们都使得出。原先还同我交往的几个朋友，因为考试作弊时我没帮忙，都不再理睬我了。

我同自己的父母算不上是朋友。不是我不把他们当朋友，而是他们不愿与我交朋友。我觉得中国的父母把辈分看得太重，在家里，他们总是把自己放在一个至高点上，他们的威严高高地摆在上面，要求子女对他们绝对服从。明明是他们错了，也不准表现出丝毫的反抗情绪。我的父母也一样，明明自己错了还强词夺理，说白了就是为了争脸面。我和父母的关系一向很紧张，现在还好些，以前简直是敌对关系，尤其和我父亲。当然，我自己也做得不好，可他们在某些方面的举动实在太令人失望。这样的例子简直可以信手拈来：有一次父母同楼下邻居吵架，论情论理我父母都站不住脚，可他们愣是越吵越来劲，引来了众多的观众。我实在看不下去，前去劝阻，想不到他们竟对我又打又骂……打那以后，我再也不管他们的事了，哪怕同别人打架我也视而不见。自从和楼下邻居闹翻后，平常的小吵小闹是司空见惯的。楼下邻居吵不过我父母，便与我们家玩起了"阴招"。于是，怪事便接二连三出现，不是车胎被戳了洞，就是电动车被放在车棚外淋雨。一场争吵惹出如此多麻烦，我真不知我爸妈心里是怎么想的。

初中毕业的那个暑假，我的心情坏到了极点。由于体育成绩不及格，我的总分离重点高中分数线差了三分。我是想上高中、考大学的，可我父母完全不顾我个人的意愿，执意让我上他们厂办的技校。他们说，高中还要读三年，三年后还不一定考得上大学。我就跟他们吵："你们怎么知道我考不上大学？我念都没去念，考都没去考，你们就知道我考不上了？"他们又说："就算你考上大学，毕业出来还不是要找工作？还不如现在读技校，技校包分配，一毕业就可以进厂里工作。"他们一心只要给我寻个饭碗便罢，完全不了解也不想了解我的想法。

当时的我，内心充满了怨恨与矛盾。我恨自己不争气，更怨父母逼我读技校。我自觉与技校里的一切都格格不入，甚而有一种逆反的心理，觉得自己根本不是属于这里的人。为了向父母表明我不愿读技校的决心，我故意将成绩搞得一塌糊涂，有时还在学校闹点事让他们担忧。每当看见他们心急如焚的样子，我的心里便升腾起一丝丝残忍的快意。有一次，我将成绩单和教科书烧了。还有一次，我竟把寒假补考的事忘得一干二净，那次倒是无心的，因为我的心思压根没放在学习上，确实是忘了。

我犯了这么多错误，按校规早该开除了，可学校和老师还是一次次宽宥了我，因为考虑到我入学时的成绩名列第一，考虑到我当时的心理状态。学校的宽容和爸妈的苦口婆心多少感动了我，我开始试着适应技校里的学习生活。

学理论，我是不成问题的，因为技校里的理论课简单得令人咋舌。最要命的是生产实习，无论我如何努力，成绩总是难以提高。我是学钳工的，那一把把锉刀非但没能使我的工件达到规定的精度要求，反而把我内心少得可怜的自信一点点锉掉。渐渐地，我变得心灰意懒了，只要一拿起锉刀，一种自卑感、自怜感就从心底油然而生。我机械地操作着锉刀，其实早已"身在曹营心在汉"了。有一段日子，我时而悲观绝望，时而神经兮兮，时而又歇斯底里，对生活有点失去信心了。

让我难以忍受的还有孤独。进入技校，我又一次跌入孤独的深渊，身边没有一个谈得来的朋友，更没有志趣相投的知己。后来，我偶尔买了一本《天文爱好者》杂志，上面有一个交友的版面，我太渴望有朋友了，就根据上面刊登的地址，给三十多个天文爱好者寄去了交友明信片。如今与我经常通信的达十五个，他们大多是有丰富的天文学方面知识的人。正是在他们的帮助和鼓励下，我才从一个天文门外汉成为一名狂热的天文爱好者。

记得第一个与我通信的是一位济南的笔友，二十几岁，大学毕业刚参加工作不久。刚开始通信，信的内容总离不开天文和星空，其他方面一概不谈。有一次，他在信的末尾写下这么一句话："想和你谈的不仅仅是星空，还有别的……"当时读到这句话，我怦然心动，当即写了封信，谈了谈自己学习中的烦恼和对人生的感悟。渐渐地，我和他成了最知心的朋友。我们互诉衷肠，无所不谈。我真的好感激他那句含蓄的话语。没有他那句话，也许我们至今还是两颗相距遥远的星星。

我真是喜欢看星星。置身在星空之下，我感到自己是天底下最自如洒脱的人。那真是一种心旷神怡、神清气爽的感觉。我仿佛可以和星星对话，我们互相听得懂彼此的语言。平时，在人际关系中，我的感受可以用两个字来形容，那就是"尴尬"。可当你站在旷野中，星空下，你会忘却白天的一切烦恼忧愁。我不知道星星怎么会有这样的魔力。

一天，我的一位邻居打电话告诉我，说凌晨三点半月掩土星，南京可见土星会月的天象奇观。

凌晨两点，我们相约一起在夜色笼罩下出发了。骑自行车沿中山东路向东行驶，到了东郊的石象路，再一直朝北，就到紫金山山脚了。因为听说紫金山有狼，我们在路中央停了下来。再往前是大片的树林，路到那儿仿佛消失了，除了灰黑的树影，什么也看不见；路的东面是一块平地，长满杂草和不知名的植物，偶尔可见几座破旧的矮房；路的西面是前湖，湖面不大，乍一看，平静的湖面就像一坛香醇诱人的美酒。远处，紫金山的群峰在月色下高低起伏，天文台的圆顶玲珑地立在山脊，发出星星点点的白光。

将自行车放在路旁，我开始照着星图熟悉星空。尽管有月光干扰，但郊外的星空确实比市区壮观。星星既多且亮，干净得像被水洗过。拿着星图找了一会儿,我感觉图纸有些潮湿。原来郊外树木丛生,加上面临前湖,空气湿度很大。我原打算欣赏壮观的夏夜大三角,怎奈它已偏西,不过仙后座倒升得很高,抬头就可见夜空中高悬着一个"W"字符。使用7×50毫米双筒望远镜观测,圆形视野中群星闪烁,像散落在黑色底盘里的珍珠……

## "可是真没人知道这'文静''温柔'的实质是什么"

  我这样的女生恐怕很常见,就是看起来非常腼腆、害羞的那种女生,特"文静",特"温柔"。可是真没人知道这"文静""温柔"的实质是什么。说实在的,我现在的心理问题一大堆,有没有人想到,在文静、温柔的外表后面,我的内心世界就像动荡不安的海洋?

  高一开学的时候,我心中既兴奋又紧张,憧憬着到了一个新环境,可以着手改变一下自己的个性,交上几个真诚开朗的朋友。可是事与愿违,我活得十分压抑,心情一天天灰暗沉重起来。这事说起来也只能怪自己,我内心非常胆小、害羞,时时担心别人不喜欢自己,所以,我希望别人主动跟我讲话,主动来跟我做好朋友。可是别人并不了解我啊,我又不会表现自己,一到大众场合就紧张,就没有安全感。在别人眼中,我也许像一个谜吧,可是是一个无足轻重的谜,好像并不值得别人花心思去求解。

我真是很在意别人的看法，在意得不得了，所以做起事来总是顾虑重重。举个例子吧，我想举手回答问题，可又担心万一回答错了，别人会怎样看我？我是从不举手回答问题的，今天突然举手，同学们又会怎样看我？我这么一顾虑、一担心，本来就不多的自信心立刻逃得远远的了。然而，这又不符合我的本意。我一边退却，一边仿佛听到另一个声音在说：你再不锻炼自己，可就没机会了。真是很矛盾，也因此很压抑。

上公共汽车时，我害怕面对陌生人的目光，那让我不自在；遇见漂亮的女生或男生时，我自卑，感觉自己不如别人优秀；只有看到比自己差的人，我的自信心才能找回一点点，而我又觉得这种想法真是要不得。

我有完美主义倾向，好像事事要达到完美才行。没有把握做到完美的事，我宁愿不做，以免暴露自己的缺陷。所以我能够去做的事真是很有限。我觉得自己好像那个"套中人"，一出家门就像穿上了"束身衣"，裹上了"套子"；又像那个刚到大观园的林妹妹，处处小心谨慎，"不肯轻易多说了一句话，多行一步路"。

我十分在意自己是否能够给别人留下好的印象，怕别人看不起我，怕受到伤害。有时候，同学之间会有矛盾，也会吵架，每当看到别人吵架，我的心中就一阵惧怕：我如果遇到这种情况，肯定会手足无措，像天塌下来一样。因此我跟别人讲话时总是温温柔柔，像个天使似的。明明不同意别人的看法，我也嗫嚅地附和。别人的一些话明明惹得自己心里不痛快，可我还是强装笑脸，像什么也没觉得似的。我很羡慕那些个性激越、敢爱敢恨的人，而我从来不敢真真切切表达自己的想法，我怀疑我已经丧失了这样的能力。

但是，我在家里完全不一样。我对爸妈就能把自己的想法和盘托出，因为我不怕。在家里，我敢大声唱歌，大声朗诵，大声讲话。

偶尔有人开玩笑，叫我"温柔天使"，听在我耳中像一个讽刺。我才不想当什么该死的"温柔天使"呢，我希望自己想说就说，想唱就唱，想大笑就大笑，想发脾气就发脾气……那样的人，才是一个有"自我"的人呢！温柔与文静只是我的面具，用来掩盖自卑与胆怯。我渴望的是找回自信心，找到那个真正的自我。

## "这段友谊到此终止吧——心里一阵轻松"

上初一的时候,我很幸运地被分到实验班。我们101班的同学成绩都挺棒的,每个人头顶着荣耀的光环,脚踩着幸福的云朵,怀着"舍我其谁"的豪情壮志,开始了中学时代的生活。

我被老师指派当了英语课代表,心里挺高兴的。

班上有个女孩青,声音洪亮,敢说敢做。由于从小学一年级就开始当班长,所以她说话、行事自带一副"管家婆"风范——她一直被老师宠着,当惯了班级的中心人物。可是,在我们现在这个班,当过班长的同学绝对不少于二十人,天外有天,青尽管能干,还是远不及新上任的女班长胆量大与嗓门亮。

青大概感到挺失落的,老在背后说班长的坏话。不过,她对我却挺热情的,说想跟我做好朋友。我虽然奇怪她怎么会对我产生兴趣,但人家那么好心好意,总不能拒绝送上门的友谊吧。

没想到,后来我为了和青的友谊苦恼透了。

期中考试过后,英语老师叫我这个课代表去初三教学楼把批改好的试卷拿来,青连忙说跟我一起去。办公室里只有一个初三的大姐姐。"你们是初一的吧?哪个班?试卷在那边。"她指指办公桌。"是的,我们是101班的。"青抢先说。"噢,101班是王老师教英语吧?她怎么样?"那个胖姐姐笑眯眯地问我们。"她呀,很不受学生欢迎,上课老爱发脾气,下课以后专门找我好朋友的麻烦。"青又抢先说,还指了指我。"真的呀?她以前好像不是这个样子的……"胖姐姐挺纳闷的。青说:"我是实话实说。人嘛,会变的呀……"

当时我真是不高兴极了,老师分明是叫我来领试卷的,你愿意一起来就一起来,可你还说那么多无中生有的话,还是关于王老师的。王老师根本不是青说的那样,青那么说,只是因为她对王老师有成见。

我在心里气愤不平,可没敢说出口。我要是当面说出来了,那可真不得了,青非要和我大闹一场不可。我拿了试卷就走,也不理会青。

青赶上来说:"嘿,我说你吃了什么兴奋剂,刚才说走不动,现在走得比鸟飞还快!"我无心和她开玩笑,只拿了试卷边走边看。"我98分,你也98分,太公平了!"青显然很高兴,"……

可是陈钧99分,竟敢比我多1分!咦,错两处应该扣2分嘛,走!"她硬拉我回到办公室,用老师的红笔在陈钧的试卷上多扣了1分。我想走却被她拉住:"不许告诉别人!"我低头走了,二话没说。

青的这些举动,我真是不喜欢,可她是我的朋友啊!我深深地为青的言行而烦恼,我该怎么办呢?哎呀,该不该告诉陈钧呢?

好友梅说数学成绩也出来了,青的分数比我还低,梅则是100分。青知道以后又不高兴了:"考试的时候你坐在我前面,我问你的时候干吗不回答我?是存心想害我吗?"说完,她双手捂着脸跑了,扔下梅和我面面相觑,惊得半天合不拢嘴。她好不讲理。

上英语课讲评试卷,王老师正好讲到陈钧错的那道题:"由于这个题目出得不当,所以两空共扣1分。"下课后,陈钧拿来试卷给我看,说:"为什么偏偏我就多扣1分?看上去还是后来才扣的!"我终于忍不住把事情的经过告诉了他。心里虽然轻松了许多,可我又谴责自己不该背叛朋友,不知该怎样去面对青。

第二天放学的时候,青从后面走来,对我说:"你很够朋友啊！哼，算我有眼无珠！"她轻蔑地看了我一眼，飞快地踩起自行车，扬长而去。

我慢慢地骑自行车出了校门，想着，这段友谊到此终止吧——心里一阵轻松。

### "说到友谊，不觉有些心酸……"

我从小就生活在一个封闭的小圈子里，陪伴我长大的是孤独，对，只有孤独。记不清幼时的我，有多少次一个人躲在墙角流泪，想我的心事。家庭，对我来说是一所看似平静实则恐怖的看守所。我的父亲虽然很疼我，但他太忙，忙着挣钱，我很少看见他。他也不了解我，他表达爱的方式只是给我物质方面的满足。我的母亲性情暴戾，她常常莫名其妙地发火，然后朝我撒气。渐渐地，我开始觉察到：母亲拉扯我长大，本质上是出于她的义务，或是责任感吧，她对我并不好。在家里，我不敢当着母亲的面多说一句话，否则便会得到冷眼相待或是打骂。我对她，也渐渐失去了幼年时的精神依赖。有时，我好恨她，恨她把一个莫名其妙的我带到一个莫名其妙的世界上。我活得好累，好辛苦，我甚至变得不想"善待自己"了。有时一些很微小的事情，都把我搞得异常烦躁。

我把这一切都归罪于自己的慵懒和空虚。每一天，当我费力地睁开双眼，迎接我的就是窗外那一道银灰色的弧线，它们让我感到厌倦，感到压抑，感到无奈。我没有理想，没有追求，每天"两点一线"混混沌沌的生活对我来说就像炼狱一般。我的学习很差，数、理、化成绩几乎总是倒数。可我也从不羡慕那些成绩好的同学，我只是羡慕从他们身上散发出的不属于我这类人的朝气和积极进取的精神。眼看就要进入高三了，在我们班，像我这样学习糟糕的同学，大多自暴自弃了。他们玩得都很开心，恋爱在他们当中业已成风。我知道他们那种恋爱，男的比谁的女友漂亮，女的比谁的男友有钱。我觉得厌恶，觉得他们比我还要空虚无聊。就这样，在班里我总是很孤立，像一只蝙蝠，既不容于鸟类也不容于兽类。

　　说到友谊，不觉有些心酸，我曾经有一个无话不说的朋友。暑假过后刚开学，一天晚上，可能是久别重逢吧，我异常兴奋，把许多心里话都告诉了她。哪知她居然在班上大肆渲染，那段时间人人都用异样的眼光看我。从此，我感到人际交往的可怕。所以，现在的我，已经不折不扣地变成了像别里科夫那样的"装在套子里的人"。烦恼的事，伤心的事，我一概不愿吐露，只是让它们在内心深处反复地砥砺、折磨着自己。

在别人看来，我是一个容易走"近"但不容易走"进"的人，这缘于我还有一个朴素率真的外部造型。

有一首歌是这样唱的："……着罗衣的女子，渴望你的春衫旋转。与其在寂寞里枯萎青春，不如在阳光下走一程。"这歌写得很美丽，很动人。是啊，我什么时候才会充实快乐起来呢？生活会接受我吗？

# 在同伴中长大成人

## 1. 我的故事

18 岁那年,我从一个县城考入南京大学化学系,入住八人一间的集体宿舍,首次开始集体生活。很快,我感受到了来自宿舍两名同班女生的排挤与敌意。

需要交代一下 18 岁之前我的生活环境。我一直被父母呵护,双亲大人像老母鸡护着小鸡雏一样对待我,家里情感维系得特别紧密。在学校,我的学习成绩一直很好,这有如一个护身符,保护我免受一切侵扰。老师对我关怀重视,同学对我羡慕有加——虽然在人群中我始终是疏离的一个,从小到大我都不太知道怎么做才能融入集体,但断断不会有人来欺负我。每天,我在家与学校之间往返,脑子里只有学习、学习,考上好大学,去看外面的世界这一个念头。

我的字典中没有歧视、欺负这样的字眼,不知道人与人之间有这样一种情形。以至于当事实上我是被轻度霸凌了,却迟钝到事隔三十多年才觉知这一点。

　　细节我已经不太记得了，整体上记得这么一个事实：同宿舍的Y与她的好友S挺不喜欢我的。记得当时自己的感受：不明就里、手足无措，以及痛苦。到现在我也觉得集体生活是件残酷的事情。

　　困惑之中，我一直以为是自己的问题，是我不够好，不够优秀，并为此羞愧着。上大学之前的生活我只要面对一个评价标准：学习成绩。突然地，置身在一个复杂得多的评价体系里，我的欠缺显得多而刺眼。举个例子吧——

　　我跟Y姓同学参加了学校同一个记者社团。有次社团组织采访，采访结束，她看着我，说："我发现你除了学习方面的事情，别的什么都不会问。"那一刻我很羞愧。是，我只问得出那样的问题，我关心的事情就是那么狭窄，懂得也不太多。班上有几位见多识广的同学，她们就很受欢迎。我认识到在一个新的评价体系中，我是如此不合格。

　　匮乏与欠缺还有很多：小地方来的，没见过世面；很久了连交谊舞都没学会；跟老师说话无比拘谨——别人是可以跟老师说笑自如，甚至插科打诨的。我羡慕着别人，深深感受着自己的欠缺，相信自己笨拙、无趣。我感受到S与Y对我的评判，同时在内心也认同了这个评判，被羞愧感浸没。

　　我被排挤还有一个原因：进校伊始班主任任命我当团支书。

　　因为成绩好，我一路都是学生干部，从小学的大队长到高中的学生会副主席。我从没有在乎这个,我是一个典型的"技术主义"者,当学生的时候只希望成绩好,当编辑只希望发掘出好稿子,当作家只希望写出好作品……但不管我怎么想,别人是会有想法的。

一个她们看不上的人当了团支书,她们大概觉得我"不配"吧。从人性角度分析,这还是很好理解的。只是18岁的我并不能意识到他人心中强烈的不满与不服,睁着一双不谙世事的眼睛,心中一片张皇。

一年以后,我转到中文系了。跟S与Y自然也就没了交集。不过是偶尔同住一年,也没有发生什么了不得的事情,彼此淡出生活之后困扰也就消失了。

在那个化学系宿舍,我也交到了一个朋友,我转到中文系后两人还常常一起玩耍。大学毕业后她出国,联系就中断了。在暌违三十年后我们重新联系上,满怀激动地重逢,她连夜写了一篇《致章红》,其中一段是:

我清楚地记得是哪一刻把你当作朋友的。那天你收到了入学后的第一封家书,信上提及你家养猪的事,你说着说着就大哭起来。我们宿舍里有几个女生看着很不以为然,在背地里嘲笑你。我觉得她们那种毫无根基的优越感很蠢。我很欣赏你诚实与强烈的情感。

这段话让我骤然忆起那段经历。我一直认为是自己不够优秀，所以不被人接纳，可是——因为收到家信痛哭，真的有那么值得嘲笑吗？那是我第一次离开家，在一个陌生环境里局促不安，想家，委屈。妈妈信中提到，买了小猪崽来养，等猪养肥了可以卖钱（自然是为了给我缴学费），父母的辛劳刺痛我。眼泪是属于我的，哭泣是我的自由。你可以嘲笑我的眼泪，但那并不意味着我有什么错。

如此想下去：对，我是没见过什么世面，只会问学习之类的问题，思想比较纯。可在后来的人生中，我一直阅读，思考，写作，对个人成长孜孜以求，我取得了进步，比青年时代更为丰富与深邃。

好想对当年的自己说：不要过度羞惭，你会成长的。

## 2.别人不能评判你的价值

你会和当年的我一样吗？当别人不赞成你，便下意识贬低自己；当别人不接纳你，就满怀羞愧，相信那是因为自己确实很差劲。

人对自身价值有种与生俱来的不确定性，这时候我们往往就选择了"别人"来当作参照系。年少青涩的时候，心智不够成熟，就更加容易把外部世界变成一面硕大无朋的镜子，别人的眼神、别人的言语、别人的态度……这些，全是反射出自我的镜子。

得到他人的认可与接纳，这会让人愉快而有信心；被人讨厌和看扁，内心就充满煎熬。这些感受都是自然的，可以理解的。

但是，每个人都是以自身为中心考虑问题，是利己的。有时候，别人称许你或者否定你，与你好或不好并没有关系，而仅能说明你的观点或行为合乎或不合乎他的心意。"别人"的情绪是变化无常的，因此，如果你过于容易被外界影响，常常让"别人"的看法左右着心情与生活，你的日子会变得很艰难。

因此，我们要逐渐培养自身的理性，而不是被本能情感带着跌进"别人"意见组成的湍急水流中，站立不稳。

### 3. 摆脱羞愧感的良方

关于如何对待"别人"的批评，美国心理学家大卫·伯恩斯提供过一个思路，当我跌进羞愧感的陷阱中时经常使用这种思路，非常有用。

（1）如果有人批评你，不意味着一定是你的错。

（2）如果批评是正确的，你只需要去查明错误的原因，采取步骤改正错误就好。你是人，必然有时会犯错。你可以从错误中学习，而不需要被羞愧吞没。

（3）假如你确实把一件事搞糟了，这也不表明你是个糟糕的人。除了犯下的错误，你还做过更多、多得多的正确的事情。而且你可以改变，可以成长。

（4）不管你做得多好，或者做得多糟糕，每个人都会以不同方式评价你。不可能所有人都喜欢你。同样，也不可能所有人都讨厌你。而且一切都在变化中。

（5）不赞成和批评确实让人不舒服，但不舒服会过去。一次拒绝也不意味着无休止地永远拒绝。所以，无论现在情况看上去有多糟糕，你也不会彻底完蛋。

（6）你也会对别人心存批评。如果你批评一个人，那不意味着这个人彻头彻尾都不好，为什么别人一批评你你就觉得天塌下来了呢？为什么赋予别人评判你的力量和权力呢？我们都是人，而不是最高法庭。当你由于某人不喜欢你而颤抖恐惧时，你夸大了这个人所拥有的智慧和知识，同时你也对自己不公平，因为你没有客观合理地评价你自己。

这是无懈可击的逻辑。这就是理性的思维方式。当我们改变了悲观的认知方式，从羞愧的泥淖中拔出脚来，生活就像解冻的春水一样又可以浩浩荡荡流往前方！

### 4. 一些有魔力的方法

心理学家研究表明，如果迫切想要得到他人的好感可能会事与愿违,因为他人能感觉到你这样的愿望,而这种愿望会给人带来压力。

这是一个实例:

> 在为人处世方面,我对自己要求一直都很高,我希望可以做个大家都喜欢的女孩。为此我尽量压抑自己,好让别人赞赏。可是我好累,而且似乎有好多人讨厌我,好矛盾啊。做人好难啊,我该怎么办?

做人难吗?那不如做真实的自己就好。不要老是紧张地在那里研究别人是喜欢你还是拒绝你,自然松弛地和每个人相处,怀抱善意地接近他们,并且不惮于把你的善意表现出来就好了。

当你摆脱他人评价,不过多地注意别人的赞扬和批评,反而有可能出现小小的奇迹——你的心态会更松弛,你的表现会更自然,而这些变化都立刻会被他人感受到,你会得到更多友好的回馈。

改变,什么时候都不晚。与人相处有一些魔力方法,我尝试写几条,你自己也可以试着去领悟和总结更多。

(1)爱你自己

想让别人爱你,你就要先爱自己。不要常常对自己做出负面评价,不要看不起自己,不要伤害自己。如果你自爱,人们就会响应你身上散发的这种感觉,并希望和你接近。

（2）倾听他人

你要有了解别人的愿望，愿意倾听别人说话。让人们谈论自己，他们的兴趣爱好、人生中经历的事情、最深刻的印象等等，人们很容易喜欢上一个对自己感兴趣的人，这就是友谊的契机。

（3）赞美别人

赞美一定要真诚。赞美不是技巧，它是坦率勇敢地表达好感与善意。

（4）不要取笑他人

无论别人美丑胖瘦、健康或残疾，不要去评论别人的外表和身体特征，除非是赞美。一定不要取笑别人，特别是聚众取笑一个人，这是一件很残酷的事，很伤害别人的感情。

（5）保持人际之间的基本礼貌

请别人做事要拿出真诚的请求的态度。别人帮了忙要有由衷的感激的心意。妨碍到别人和不能为别人提供帮助时要说"对不起"……

如果你坚持这么做，人们会觉得你很有吸引力，反过来你也会发现你自己有很强的寻求快乐的能力。

## 5. 书籍与大自然：两位永恒的朋友

当然，无论你怎么做，你可能和一些人成为知己好友，和另一些人仅仅和平共处，也可能和一些人爆发冲突。这就是真实的人际关系。

但你永远可以拥有两位恒久的朋友,那就是书籍与大自然。

我一直记得明峰,就是那位读技校后,在困厄茫然的心境中爱上观星的少年。我常常想起这个形象:一个少年伫立在旷野中,前方是水汽迷蒙的前湖,后面是巍峨的紫金山。万籁俱寂,大地的一切都沉睡了,而星空正展现出它格外璀璨、迷人的面目。星空,浩瀚而神秘;少年,孤独而渺小,但此刻他们同是宇宙的一部分。

观星给明峰的生活带来了乐趣与活力,让他不至于一味消沉下去。大自然对心灵具有治愈的力量。我的体验,只有在自然中我才可以真正做到生活在当下,让焦虑紧绷的灵魂获得滋养。

理查德·洛夫在《自然法则》中写道:

所有生命都源于大自然,远离那个广阔的世界,我们的身体和精神将变得迟钝,并一点点被削弱。重新与身边的或远一点的自然环境联系起来,会为我们打开一扇崭新的通向健康、创造力和神奇力量的大门。这件事永远不嫌晚。

自然未必在遥远荒僻之地。四季的流转、一天中光线的变迁、树叶的色泽、花草的生长……日常生活里我们随时可以观察与感受到大自然。

书籍是另一位你可以永远拥有的朋友。就我个人的经验而言,如果说来到人世是第一次出生,阅读则帮助我第二次诞生。经过书籍重塑,我才懂得对茬弱者心地柔软,对笨拙者温厚守望;懂得人心不可以践踏,灵魂需要抚摸而非评判。如果我终于赢得钟爱的生活,那都源于书籍逐渐教会了我如何去爱。

作家总是把自己最精湛的才能与思想放进书中,读书的过程就是与他或她交谈的过程。作家们像一口口井,每口井水都有不同的气息、差异的口味、微妙的矿物质含量,你可以从喜欢的、适合的口味开始,逐渐形成自己的判断力,借此建构起自身的精神花园。

# 为未来规划

伴随自我意识的觉醒，少年们开始为自己规划未来人生。突然他们就来到一个路口，面对一个远比过去广阔的天地。既是出于内心驱使，也是为在未来的生存竞争中占据有利地势，他们自觉加入竞争的队伍，有时不得不以忽略生命中许多其他内容为代价。他们一边清醒地做出这种选择，一边感受到生命中的迷茫与疼痛。

## "我忘记了这个细微的转变过程……"

我是个初三毕业班的学生。眼看日子一天天过去,毕业考试真的转眼就会到来,可是,我已经越来越不想读书了。这学期刚开学摸底考试,我就出师不利,后来也连连打败仗,最近的一次考试有一科竟闹了个不及格。事情还不能从现在说起。

我怨恨这世界上的一切,包括美好和温馨。还是在我上学前班的时候,这种怨恨意识就开始产生了。别的小朋友欺负我,老师不管。爸爸总是告诉我不要怎样,不要怎样,似乎别人是正常的,我是活该的。虽然爸爸也许并不是那个意思,老师也不是有意不管。

上小学了,老师们都说我文静、老实,亲戚们也说我是个"文静妹子"。我规规矩矩,缩手缩脚,是同学嘲笑和戏弄的对象。

终于有一天,这一切可望改变——爸爸决定要我跳级,直接进初中。我心中的喜悦无法言表。我低了这么多年的头啊——因为长得高，总被别人当怪物，于是我总要低着头走路。我特别向往中学生活，可以无所顾忌地抬起头，还能留披肩发。

第一个学期，我没想到我会进展得这么顺利，两次数学测验，我都和数学课代表并列第一，其他几门也考得很不错。我开始试着开朗随意，学校的各种活动我都参加。我交到了平生第一个好友，认识了好多哥们儿，得到了很多同学的喜爱……我觉得跳级跳对了！

我开始更加努力，我对我这个年级十七的名次一点也不满足。我认为，满足于十七名不是我的作风，表姐也说不是，她说我有能力进入年级前三名。是的，我向往自己成为校内的风云人物，我认为那些仪表端庄、成绩优异、各方面都强过男生几分的学姐是我看齐的目标。

可是，我的雄心好像只是上帝开的一个玩笑。第二个学期，住在省城的表妹来到我家，住了两个星期还没走。我感到奇怪，便问妈妈。没想到妈妈说表妹要转到我们学校来，这个学期会住在我家，甚至可能一直住下去。

我一听吓了一跳，早就知道表妹这人是个什么家伙，粗野，浮躁，丝毫不体谅人，报复心重。这些表姐也知道，她提醒我："哈，今后可要惨了，你提防着点吧。"有些要看好戏的味道。我对妈妈说："让她住小姨家不好吗？小姨的女儿才小学二年级，可以和表妹一起玩，可我不同。"但是妈妈说："孩子，懂事点吧，你表妹她成绩不好，我让她住我们家，一是我的工作比小姨轻松，有精力管管她；二是也想让她向你学习学习，多读点书，以后走向社会会有个好前途。"我没话说了，她们已经把事情定下来了。

后来，比我预料的还糟，我倒霉透顶了。家里只有一张书桌，我就得和表妹一起做作业。她一点也不用功，整个晚上净找我说话，吵死人了，我哪里还看得进书。爸妈晚上都打麻将去了，不管事。不单这样，她还怕鬼，晚上十一点多了还死活不肯睡觉，也赖着不让我睡。我晚上要陪她坐到一两点，这简直成了规律。我试着问她上课怎么办，她倒好，三个字："睡觉呗。"说真的，半夜才能睡，六点不到又要起床，上课不睡才怪。

我的成绩下降了，我麻麻木木没什么知觉。爸妈仍还事事由着她，把我的事都讲给她听。她要钱就给，平均是每天差不多五块，把我惊得一愣一愣的，哪个人什么时候一次给过我这么多钱？她又不是没钱，上次还从我抽屉里偷走了一百块钱，她不是神偷，我也不是傻瓜蛋，可妈妈就是一口咬定是我自己把钱弄丢了。后来，表姐帮我问出来了，她也承认了，却没有还我。我也没有死要，我知道她已经把钱花掉了，我不想告诉大人把事情闹大。

千万次感谢上帝，一年后她终于走了。表姐来告诉我："这下你该赶快学习了，初二是个转折点，努力就会上，放松就会下。我带你去认识一个人，他以前是我们班长，三中的状元，现在在省一中。全县就两个人考上那所中学，好了不起哦。听说他这些天回来了。"

那天晚上，表姐就带我去见这位状元，没想到在路上碰到他。他告诉表姐他现在要去赴约，没有时间。他还对我笑了笑。路灯下，我发现他的眼睛好明亮，好自信，就像莎士比亚写的，赛过夜空中最亮的星星。

他给我的第一印象太好，心里产生了异样的感觉。我勉励自己：加油吧，能不能考上省一中，能不能和他在一起上学就看你的了。真的，我本来是从来没有想过，像我们这种山区县城的学生，也可以到外面去上学。

经过努力，我的成绩又恢复到刚进校时的水平，家长开始表扬我，老师也整天对我笑眯眯的。我丝毫没有大意。我怎么敢骄傲呢？他是那么圣洁，那么高高在上，我只有刻苦加刻苦，去追求他所拥有的一切。

不知不觉，夏季悄然来临了。升入毕业班的我，感觉生活充实、明媚，生机勃勃。我知道我有使命，我要进省一中，进清华，我要出国读学位。我打定了主意，这次期中考试一定要进入年级前五名，然后再进前三名，我要和他比。

我不再怕苦。炎热的夏日是那样催人入睡，学校实行全封闭制，学生不能回家，午休也在教室里。凉爽的风吹进来，我抬起眼，啊，连班主任也睡了。我暗喜，都睡了，我可以多做几道题，没人会在梦里和我明争暗斗。我强打精神，每天都把时间安排得满满的。

离期中考试只有两个星期了，班主任时不时就嚷嚷着这事，同学们也开始紧张了，我一点也不担心，我平静地坐在那里，我有十足的把握，别说还有两个星期，马上开考也可以。

考试前一个星期，我参加了英语竞赛的培训，生活更加匆忙了。我忙啊，忙啊，争取少睡一点，再少睡一点，巴不得人是可以快速充电的，不用睡觉。我忙得甘愿，就连晚上都梦见灵魂从躯体里爬起来，坐在桌前做题。

终于等到考试了,第一堂是化学。我静心地做题。下午妈妈就跑到老师办公室问出了我的化学成绩,99分,得了年级第一。傍晚,我人还没进家门,就听见妈妈在房里大呼小叫,我还以为她又发神经了,妈妈喜疯了般地告诉我分数和名次。我默默地走进卫生间,我真觉得她疯了,而我更担心的是,这一起哄会不会干扰我的心情?考试才刚开始,我的思绪会不会乱?

我的担心果真成了事实。我为什么要那么早知道成绩?知道我考了一门第一,害得我后面的几门都没考好。我为什么不细心检查,为什么连最简单的公式换算都错?为什么连最拿手的电路图都拿不到满分?我的心灵第一次感受到巨大的震撼,我顿时就想撕了卷子,撕得粉碎,可这种举动会证明我的不堪一击。我没有逃课,耐着性子听老师分析完试卷。

我感觉一切都倒了,太阳也没了,一路阴森森。家就在学校里,可我似乎走了很长的一段路。同学们又恢复了嬉笑,也有人来向我祝贺:"考得好啊!"好?也许是吧,在那些不如我的同学看来,这个成绩真的是多么好啊!可是让我怎么甘心呢?我的要求并不高,目标并不远啊,只要加上那些因粗心出错扣去的分数,目标就达到了,我就会开怀大笑。四个多月的苦战就是这样不值啊，我感觉像有人扼住了我的喉咙，让我透不过气来。

我看上去很反常。爸妈开始"关心"我了。他们大概是觉得我太要强，对女孩子未必是好事，于是经常找来一些报道，什么哪个大学女生出家当尼姑了呀，大学生活很无聊呀，大学生毕业后就业难呀……我的大学梦一下子就凉了。

我不想读书了，不想生活了。我对期中考试的成绩是那样不满，我变得随随便便了，虽然知道其实我对一切都那样在乎，却还是要说："Who cares（谁在乎呢）？"

我现在已经有些忘记了这个细微的转变过程。我已经没有信念了，生命对于我来说已经不重要。他也已经成为遥远的梦了，我们根本是两个层次的人，那次见面像两颗星星偶然的交会，然后各有各的轨道。

我不想听课，不想做作业，只想去玩，疯玩，没命地玩，我似乎觉得世界欠了我的快乐、我的玩耍。我不想再努力，怕当我充满了豪情壮志、充满了希望时，再次接受失落。我不敢再尝试那种滋味了，有过一次就已经很怕了。我想去做酒吧里的活儿，因为表姐去做过两天，好轻松。我没有对任何人提起，因为我知道不会有人赞成我那样做。

## 写给林中小鹿

你的形象在我心中仿佛一头林中小鹿：眼眸透露出聪慧与机警，枝形的角让你随时感知林中风吹草动，一旦奔跑则极为敏捷。

小鹿，一种敏感警觉的动物，又是一种任性急躁的动物。外形优美文静，但内心左冲右突，并不驯顺。

女孩，这就是你给予我的印象。

你住的地方，恍如一个狭窄的山谷，视野很有限。爸爸永远在告诉你"不要怎样，不要怎样"——用收缩自我来避免受到外界攻击，这是一种生存策略，代价是行为处处受到框范，个性成长被限制与束缚了。妈妈把你的好成绩当作工具，满足自身虚荣心或者其他需要，却不在意你的需求。他们并没有真正参与到你的成长中来。

在你生活的天地里，成年人只有庸俗的生存哲学。你的精神需求没有得到好的保护和好的影响。你内心有压抑感，还有隐隐的不满。你在心中对父母、对环境都累积了很多失望。但你自己内在的思想资源也很稀少，你的价值世界还没有建构起来。你很随机地在那里摇摆，受许多偶然因素的拨弄。

你从同龄人那儿学到一点东西——表姐给你一些指点，又从偶尔遇到的学长身上瞥见一个更吸引你的世界。凭借天生灵敏的直觉，你内心潜藏的一些东西被唤醒。你并不能说清那是什么，只是隐约感知到一点气息与轮廓。你决定去追寻自己的命运，这个命运有个具体的形象，就是那位学长；有个具体的目标，就是考上好学校。

然后你就开始了你所说的四个月苦学的经历。你的行动力是一流的，你的学习能力也是一流的，你是这么富有激情与活力，真像一头发足狂奔的小鹿。

然而，奔向哪里？你的心灵依然是蒙昧的，所以仅仅是一次期中考试没有达到你愿望中的分数与名次，就一下把你打败了。

如果说之前累积的是对父母与环境的失望，现在你将失望与愤怒的矛头指向了自己——愤怒于自身的无能。

你用愤怒之火点燃自己，这火焰燃烧不了多久，渐熄渐灭，心灵留下一小堆灰烬。现在你眸子里透着厌倦。

女孩，为什么你这么愤怒又这么善变？为什么你这么勇猛又这么容易消沉？

因为你的精神世界是单薄的，以至一场考试都可以变成龙卷风把你卷走。

如果说你是一头林中小鹿，那么这是一头迷茫的小鹿，是头愤怒的小鹿,甚至是头愚蠢的小鹿。

你依然在左冲右突寻找道路,但你并不知道自己要什么。你的精神领地依然一无所有,你所有的价值感都来自外部世界,那个世界贬低你你就低头,那个世界接纳你你就雄心勃勃。

你随随便便就被影响,带着一种盲目与麻木。学习中已很少有求知的乐趣,只有攀比,战胜别人,赢得优越感。

可怕的就是这种价值观的单薄与虚无。

"什么哪个大学女生出家当尼姑了呀,大学生活很无聊呀,大学生毕业后就业难呀……"父母对你不了解,只是想当然地用这种方式疏导你,但导向的是一种世俗的短视和片面的见解。

不要去理睬这种见解,不要去走世俗指引给女孩子的貌似轻省的道路。人年轻的时候,现实与梦想之间是一条畅通的河流,但种种担忧思虑与世俗琐事如同枯枝败叶,使得它淤塞甚至堵死,结果人们成为一个个污浊的小湾,再也无法流向大海。这是无数人的悲剧。

从现在开始,你要去学习分辨哪里是陷阱,哪里是道路。道路上你会面临很多考验,其艰难程度远远超过一次期中考试的失败!而你不能气馁。

你的长处是聪慧机警,有比较好的学习能力。把你的长处保持好,继续好好学习,力争一个好成绩,这样心理上会比较安定。

除了为考试读书,还要有一些摈弃功利色彩的阅读。既然生长的环境没有太多营养,你就该及早开展自我教育,读各种各样的书,从书本中去选择与汲取精神养分,慢慢建构起自己的价值观。

我的体会,只有书籍才能帮助人们的精神达到高于世俗的层面,否则必定臣服于现实的逻辑,轻易就被拨弄、被同化。

去受教育,去增长知识与能力,亲爱的小鹿,祝你前程美好。

## "班主任像对待一级保护动物一样……"

我5岁上小学一年级。虽然比同学们小，可我丝毫不觉得吃力，学习成绩一直名列前茅。初二之前，我一直是那种聪明调皮的学生，爱说爱笑的，有时也不守纪律，有时也吃吃老师的批评："你呀，明明再细心点、再努力点就可以得'全优'，你就是要差那么一点！"

初二下学期，我好像突然懂事了，开始考虑自己的前途与未来，觉得要严格要求自己了，让自己好上加好。功夫不负有心人，期末考试我一举摘取了全班总分第一的桂冠，在全校英语口语竞赛和区里举办的物理竞赛中也都取得了好成绩。此外，我还十分喜欢文学、书法，写的文章曾在杂志上刊登过，书法也获得了不少省市乃至全国的大奖……这一切，使我成为同学中的佼佼者。然而，还未来得及享受成功的喜悦，我便陷入了平生第一次莫大的痛苦中。

那是初三刚刚开始的时候,也是我最有斗志的时候,神奇奥妙的科学世界深深地吸引着我。想做一名科学家的念头在心里疯狂滋长着,占据了我整个身心。

我的叔叔就是一名科学家。他曾经从香港给我来信,要求我"尚须做出进一步努力"。谈到他自己的时候,他写道:

虽然经历了十几年寒窗苦读的辛劳及背井离乡的苦恼,但总的来说,我感受到了读书对人生的不同凡响的意义。当我在香港林立的高楼间自信地穿行,在日本东京漫步,这种感受更加深刻。

我憧憬这样一天的到来,全家人欢聚一堂,谈论各自的见闻,探讨学术问题,彻底改换祖祖辈辈受教育程度不高的门庭,迈向物质和精神的双重富庶。这些不仅是我们家族的快乐,亦是你们个人真正的快乐……

我明白,叔叔的每一句话都发自肺腑,是他积四十年人生体验得出的真谛。我们家族叔伯辈以及我这一辈成员,几乎每一个都很出色,尤其叔叔读研究生,读博士,自己闯到香港,事业发展得很顺利。

要当科学家，必须在中学阶段打好基础，于是我要求自己捕捉到课堂上老师讲的每一个要点，要求自己注意力绝对地集中。可是，就在我求知欲越来越强的时候，突然感到莫名的紧张，心里极端压抑，甚至有一种想吐的感觉。

没几天，我又突然觉得后面的同学总是上课讲话，影响我学习，常常使我大动肝火。于是，我求老师给我换个座位。由于我视力不大好，个子却比较高，坐在前排本来就受了优待，所以不宜再动座位。事情就搁置下来了。

我不好再吭声，却着实烦恼了好一阵子。两个月后，终于换了座位，我欣喜之余，却有一种隐隐的迷惑涌上心头：他在我身后坐了近一年呀，以前可是从来都没有觉得他影响过我啊。

几天后的一次数学考试，我对同桌抽鼻涕的声音出奇地敏感，觉得烦得不得了。我使劲捂住耳朵，可是不顶用，心怎么也静不下来，甚至连题也读不下来。我当时就急哭了，不过没让人看见。

成绩公布后，我最拿手的数学居然只考了70分，好在老师没有过多地追问。我告诉了好朋友，她热情地安慰我，说我只是压力太大了，很快就没事的。

然而，并不是很快没事。由于在学校总觉得有噪声，效率不高，所以回到家里我想多看看书补一补。可是这么一来，有的作业就完成不了了。为此，几乎所有的老师都来批评我，他们以为我又回到了原来那种纵容自己犯错的时光（有一段时间我是非常调皮的，上自习课总是和同学们闲侃）。我知道老师是关心我，不想见到我浪费自己的才华，可是我真的好委屈。

情况越来越糟。我开始怕闹钟的嘀嘀嗒嗒声，怕窗外汽车的鸣笛声，怕同学的转笔声……我对每一个坐在我旁边的人都觉得讨厌，甚至包括我的好朋友。我根本不想去学校，一想到学校里吵得要死的环境，我就焦急烦躁得不得了。由于八九点钟外面马路上车辆声音太吵，我常常一下晚自习，吃了饭就睡觉，然后到两三点夜深人静了再起来写作业。这样熬到期中考试。

有一天自习课做卷子的时候，我眼角的余光看到同桌的身影（其实平时是很怕她弄出声响来的），突然怎么也收不回注意力来。没办法，我只好用夹子夹住眼镜腿，正好堵住余光，可是头稍一动，又会注意到她的存在。这使我难受得要命。后来这种情况不仅仅发生在同桌身上，在别的地方也出现过。

一天早晨出门上学，我觉得好像忘了什么东西，是不是物理书没带？查了查书包，带了。可一定有什么东西没带！我的直觉这样告诉我。我就慌里慌张地赶回去，到我的房间里到处找，什么也没找着。本来我是可以早早到校的，这么一耽搁差点迟到。我不得不一路小跑往学校赶。

第二天，走到半路，我又觉得书包里缺了啥东西，于是又回家找……后来这情形不断地出现。我命令自己不管这么多了，如果忘了什么就忘了吧；可到了学校，一直忐忑不安，没心思听课。每天早晨我都要经历这样一番折磨，我开始害怕早晨，害怕上学。

事情变得越来越糟糕，我不得不向人求助了。我告诉了我喜欢的班主任老师。每当我痛苦不堪的时候，他总是耐心地劝慰我，告诉我很快就会好起来。为了让我好受一点，班主任像对待一级保护动物一样，把我周围都换上极为安静的学生。他还跟各个科任老师打了招呼，就算我不交某门课的作业也没关系。

然而，班主任可以给我"一级保护动物"的待遇，消除周边的噪声，创造和谐的环境，我却无法消除自己内心的"噪声"，无法拥有内心的和谐——更要命的事情发生了，这几天，我发现自己看到优秀的男生的时候,心里居然会慌慌的,还会没来由地面红耳赤!

我知道自己到了情窦初开的年龄,可是我是要当科学家的呀,是要考到最著名的大学求学的呀,现在却生活得乱七八糟,一波未平,一波又起。

发生了这么多事,我却发现自己从来不想跟母亲说,不仅因为从小到大我和她似乎总是没有共同语言,更因为我讨厌她的叹息,那会搞得我更加绝望。意识到自己有点"不对劲"后,我更加自觉不自觉地设防,不想让她碰我的作业本、日记本,甚至不想让她进我的小房间,我总觉得她缠缠绵绵、婆婆妈妈。尽管我知道母亲是关心我的,她时常因我的情况而哭泣。我喜欢我的父亲,尽管我从没和他谈过心,他总是很放心地让我自己闯,从不过多询问我的学习和生活,反而令我觉得坦然。

我绝望过,可是我的理想却从未动摇过。我一直坚信自己有一天能够好起来,到那时,我便可以追求自己的新生活。

# 只有人类可以快乐，也只有人类会焦虑

## 1

从无忧无虑懵懵懂懂的童年时代，到自我意识骤然觉醒的青春前期，这个转变让你有点失重的眩晕。别担心，你只是处于一种突发的焦虑状态。之前你从未领教过这种情形，你年龄又还小，应对的能力会比较差，所以身心出现了一点失衡反应。

为什么焦虑会从天而降呢？因为你开始规划人生了。你开始思考：我要成为怎样的人，想要的人生是什么。答案很明了：掌握知识，当科学家，对人类有所贡献——多么棒的梦想啊！年轻人对自己就是应该有这般高远的期待。而且它并不是空想，你了解自己的潜能，叔叔的经历也给予你启发，你知道这一切都是可能的。

然而事情也正在这一刻发生了变化。一个人脱离天真无知的状态，开始意识到要为生命负责，要去创造自己的人生，去追寻想要的未来——这意味着，突然，你站立在一个宽广又未知的世界面前！

你免不了有点茫然,一边怀抱自我期许一边生出疑虑——这一路会遇到什么?会顺利抵达目标吗?我该做什么?焦虑便在这时滋生了。

心理科学家利戴尔 (Howard Liddell) 说:

只有人类可以规划未来的愿景,可以体验缅怀过去成就的喜悦。

只有人类可以快乐。

但是,也只有人类会忧心焦虑。

当人们开始规划未来的时候,焦虑感就产生了。它不是来自外界的要求,而是从内部自然而然萌生的压力。这就是你所面临的心理状况。当你明了这一点,是否能够从一堆乱麻中抽出一个头绪?

## 2

焦虑让人不好受,但它并不全然是一种负面的东西。焦虑对人的智力与心理产生一种压迫与刺激,适度的焦虑会成为一种心理动力,让你在人生的道路上去奋斗,去克服一个又一个障碍。

越是聪明敏感、志向高远的人,在生命中越有可能面临强烈与深刻的焦虑。这方面有很多例子。比如丘吉尔,一生都被焦虑所困，但也正是焦虑促使他做出一个又一个不同凡响的决定，终其一生在政治、文学与艺术领域都取得了杰出的成就。

生命的过程就是必须奋斗。在这个过程中，焦虑会如影随形，你永远不可能消灭它，只可能去适应它。这是人类的宿命。携带着焦虑而依然前行不止，这个过程中自我的力量才会滋生出来。这有点像健身，抗拒地心引力日复一日锤炼你的身体，才能长出肌肉并日益强壮。

## 3

但是，如果过于追求完美状态，"非如此不可"的心态会导致过度焦虑，让人出现种种强迫症状。

比如说，求知是好的，但是否要有"绝对的"专注才能学得好？大脑是个复杂的器官，当提出的要求过高，它就会反抗你的要求。这种"绝对"是违反天性的，既不可能真正做到，又会让你丧失学习的乐趣。学习变成了呆板而又吃力的事情。

真正的科学家不是这样学习的，比如爱因斯坦。事实上，如果学习在非常严肃的同时也非常好玩，它便处于最佳状态。

追求绝对与完美不知不觉间让学习知识这件事被扭曲了，学习过程中原本可以感受到的求知乐趣与心灵的充实完全丧失了。在此之前压力同样存在，但会被乐趣抵消掉；现在没有东西抵消了，你体会不到成就与快乐，学习变成了一件具体的功利性的事件，只剩下压力，这就会造成不必要的心理紧张与失衡。

## 4

你本来是精力充沛的，但因为各种压力的作用，你的精力变得缺乏建设性，甚至具有破坏性了。过度焦虑会困住一个人，让人迈不开步子，甚至一动都不能动。

这时候向外界求助以获得保护是很有必要的，否则容易出岔子，滑到一个不可知的地方。我很高兴你向班主任倾诉，他也很呵护你。你还可以向同学好友坦诚地倾诉你的问题，这都有助于你释放压力。

你会好起来的，我对你有信心。理由之一是，为什么你宁愿接受父亲的粗放式教育却拒绝母亲的担忧？因为父亲让你感受到信任，而你认为自己担得起这个信任！

当你"走过"焦虑，意味着你在成长的台阶往上攀爬了一格。前面还会有新的焦虑吗？当然会有，需要你拿出勇气和毅力与它们相处。当你逐渐见多识广，就会不那么惊慌失措，你将一次次适应、克服它们，更加坚实地走在学习、进步与追逐梦想的路上。

## "我还能见到下一个港湾吗?"

这是全县最好的高中,而我只是个普普通通的农村女孩,为了能上这所学校,父母想尽了办法,费了好一番周折。因此我一进这个校门,心理上就有着沉重的负担。

本来我初三成绩还不差,只要发挥正常是可以考上这所高中的,可考试时的紧张让我发挥失常了……家里人谁也没凶我怪我,甚至对我还比以前更宽容些,可我心里好难受。无论如何,这是一次刻骨铭心的失败,也许挨顿骂我心里还会好受些。

许多人都说农村孩子说话、写文章大多很沉重。是的,我深知,环境的恶劣、生活的艰辛,还有父母的希望,这些农村孩子特有的体验,可以把他(她)塑造成一个沉重的人。开学以来,几乎每天我都要偷偷地流泪。老师讲课一有不懂的地方就着急,心就乱得一团麻似的。我是个容易紧张的女孩,特别是对物理。由于初中时我物理不大好,现在一看到物理题就会本能地害怕。一次,老师布置了几道物理题,最后一道题光为解释题义就附了四五行长长的句子，我还没开始读心就慌了：我一定不会这道题！眼泪不争气地又流了出来。

过了好久，我再次仔细读那道题，发现它并不像我想象的那样难。我松了口气，同时感到很羞愧：为什么总也摆脱不了紧张害怕的心理？

开学一个月了。在校的每一天，我都思念我的妈妈，想得心痛。暑假里，我闷在家里，烦透了，就冲妈妈发脾气。我平时性格内向，在外总是很压抑，那一肚子的抑郁之气回家就全部撒向妈妈。在学校里，我又想妈妈想得不行。

我永远也不会忘记妈妈送我时的情景。那次回家，看到妈妈眼睛红肿，黑发里已夹杂着银丝。妈妈见到我，对我笑了，脸上的皱纹舒展开来。这一笑，让我好心酸。我竭力忍着泪水，看着妈妈来来回回地为我忙碌。田里的、家里的活儿全都是妈妈干，我平时却不懂体贴关心她，还冲她发脾气。我心里真的很难受。临走，妈妈送我到门口，还是像以前那样对我说："走吧。"我回头望妈妈，她依旧是辛酸的笑容，依旧是疲劳过度而红肿的双眼，一阵秋风掠起她的头发，我的泪再也忍不住了。这幅场景成了我心中定格的影像，每次想起，心便会不由自主地颤抖……

好羡慕她——我的朋友刘玮。她是我最好的朋友，但在内心深处，总是有一道隔膜。她是那么的开朗，成绩又那么好，全年级第一名，物理竞赛全国三等奖，外语全国竞赛二等奖……大大小小的荣誉无数，而她却显得那么轻松洒脱，我真的很佩服她。她学习的时候，全身心地投入，效率极高，不管哪方面都做得那么出色，没有哪个老师不喜欢她。我和她在一起，那是最强烈的对比和反差。

我想学她，把整个身心投入到学习中，但办不到。背政治、历史，为了克制胡思乱想，强迫自己集中精力，我就用三角尺的尖角戳手臂，让疼痛提醒自己。有一次，我又习惯性地举起三角尺，突然心头涌起一阵悲哀：一个人能依靠痛苦过一生吗？

可我没别的办法，怎么也振作不起来。一塌糊涂的成绩，我怎么对得起家里的人呢？我们家不富裕。妈妈知道我爱吃水果，那个冬天，她从车站提了两箱橘子回家，走了半个多小时，到家手指都僵了。爸爸见我为成绩难受的时候，就说："小丹，学习实在不行就算了，身体要紧哪。"上着课，我就会想，我真是没脸去见妈妈爸爸了。

虽然我常哭，但很少在人面前哭。那一次，我却忍不住在办公室对着许多老师哭了。我理科很差劲，每次数学、物理作业都少不了三四个叉。有一次物理作业竟然只对了两道题，本子上满是红彤彤的叉叉，我感到自己快要崩溃了。我哭着问班主任："这学，我还能上得下去吗？"我很不想哭，尤其在这么多老师面前，可是我刚刚把流出来的泪水擦去，眼睛里又不听话地往外涌着泪水，像决堤的河水一样。

班主任对我讲了许多许多，很多话其实我并没听进去。我只听他讲："现在停止学业，将来你一定会后悔。想想看，我们不都挺过来了吗，大家都是不容易的。而且也要为你父母考虑啊。"老师的话稍许给我一点安慰和刺激，但我还是不能很好地学习，我知道所有的问题都出在我自己身上。我痛恨我的紧张、注意力不集中，还有其他这样那样的毛病。我都恨死自己了。

现在辍学，可能会有一种上岸的感觉，日子不会再过得疲惫不堪。但是我小时候的理想是长大做个有出息的人，遇到困难就辍学的话，还能叫有出息吗？只是，我能坚持住吗？我能有个转机吗？我实在对自己没有信心。

我离开了我的港口，混在人群中向另一个港口游去。我已经回不了原来的港口了，可远方的港口却还遥遥无期。我快要淹没了,最后的一丝力量在水里流逝,身边又没有可以借力的东西。我就处在这样的境地。

我还能见到下一个港湾吗?

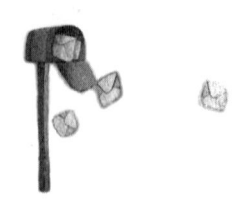

## "全家的梦想是让我堂堂正正地成为城里人……"

我出生在一个农民家庭,从小家里就很穷。为了供我和两个姐姐上学,父亲把两间房子都给卖掉了,那是我们家唯一值点钱的东西。至今,我家都借居他处。几亩田地也顶给了别人,爸爸辗转在几个大城市打工,节衣缩食,有一点点钱就赶紧邮回家,让我们交学费。

可惜,两个姐姐考学相继落榜。于是,家人把全部的希望都寄托在我一个人身上。我叫王胤,胤是后代、后嗣的意思,也就是说,我是王家的后代,可以想见我肩上担子的沉重。父亲现在北京做工,为的是有朝一日,我也能走进北京(或者别的城市),不是以农民工的身份,而是到城市念大学,随后堂堂正正地成为城里人,那是我们全家的梦想。

回想起我的求学之路,学习的艰辛还算比较容易承受,使我难以承受的是难堪——乞求别人以及被人蔑视、怜悯的难堪。为了帮我转入县城中学就读,父亲带着我跑东家跑西家,校长、教导主任、年级组长、班主任一一拜见，辛辛苦苦，终于转学成功。

上高中时，又遇到难题——因为没有城市户口，我无法到县城高中就读。户口是那么硬的一条杠杠，坚决地把我挡在大门之外。万般无奈之下，父亲出了个主意，让我拎着一个塑料袋，里面装着从小学到中学我所获得的各种奖状和证书，带我到县委办公室求助。说心里话，如果不是"要上学"的信念支撑着我，恐怕说什么我也不会去忍受别人不屑的眼神。幸运的是，这个世界上，除了不屑，还有真诚的同情。一位在县委工作的素不相识的叔叔，向我伸出了援助之手，使我今天得以坐进这个全县条件最好的教室里学习。

我的体质很不好，从小到大没少生病。最可恨的是，我长着一口参差不齐的牙齿，经常划破我的口腔内膜，却一直无钱矫正。我为此痛苦不堪。看着周围的同学无忧无虑、有滋有味地生活学习，我曾发出"老天为什么对我如此不公"的呐喊。可这又有什么用呢？

令我自豪的是，磨难没有让我失去对世界的真诚与善意，我友善地对待身边的每一个人，虽然换回的并非都是微笑，有冷漠也有伤害。自然，好朋友也是有的，他们在我情绪消沉的时候，劝导我，安慰我，让我有勇气面对现实。不管怎样，我很高兴艰辛与磨难没有使我变成一个偏执、狭隘的人，我仍然向往着幸福的生活和人间的友爱。

## "我要是没那么多胡思乱想就好了……"

我今年已经高二了，上的是理科班。真不知道我怎么会选择理科班的。我不喜欢计算，也不喜欢推论，更不喜欢做实验，可我怎么会进了理科班？我百思不得其解，选班的时候，我是哪根筋搭错位了？

我是个早熟的女生，我那嘻嘻哈哈、一派天真的外表蒙过了很多人，但却骗不过我自己。记得初中有一段时间，我变得很迷惘，对自己的未来，对周围的一切，都觉得很奇怪，很不可思议。于是我就思考起来——现在看起来当然很可笑。我思考金钱，思考友谊，思考爱情，那时如果有人看到我的样儿，一定以为我是在为没钱买日本漫画书犯愁呢，哪会想到我在思考如此严肃重大的人生问题！

还别说，经过一段时间的痛苦后，我还真得出了一套理论，我自认为很独到，却使我更加痛苦，因为我觉得人生的意义真是很虚无缥缈。那段时间，我的状态可以用两个字形容——挣扎。

于是在中考之前,我给母亲写了一封长达七页的信。我觉得只有母亲可以信任。信中,我毫无保留地对自己进行了剖析,甚至连我对班上某个男生有好感都坦白了。我猜想着母亲或许能解开我心中的结。

**但我错了,母亲的表现让我失望至极。**

母亲的第一反应是数落我的种种不是,说我不把心思放在学业上,只会胡思乱想,甚至还用上了"堕落"这样的字眼。倒霉的是,那次中考我没能考上重点中学,于是那七页纸便成了我的罪状。母亲每次数落我,都要把那封信作为有力的证据,我写的每句话都成了她攻击我的炮弹。

我除了沉默,别无选择。任何辩解都会招致更多的训斥。谁让我蠢呢,居然把把柄拱手送给母亲。那阵子,我最怕吃晚饭的时候。白天大家都出门了,只有晚饭时才聚在一起。母亲便充分利用吃饭的黄金时段,来表演她对我的"负责"和痛心疾首。本来,白天吃食堂,到了晚上我的胃口总是极好,但给她这么一来,饭菜都变得无味,难以下咽。

从那以后,我便发誓绝不向任何人吐露心声。家,对我的意义就是为我提供生活费,就像一家银行,我定期从里面贷款。我真把这当作贷款,每一笔钱都记得清清楚楚。我下了决心,以后一定奉还。等还清了这笔债,家就对我没有任何意义了。我也觉得这想法有些荒谬,但我是当真的。我只是想得到家人一点点的理解和指教,可我却遭受了什么?我想不通。

高中第一年,我记了三大本日记。话都写在纸上了,可抑郁并没从心中消失。我的成绩就别提了,心思不在学习上,成绩可想而知。只要我安静下来,脑子就会不由自主地转向那些令人烦恼的事情。

大多数时候,我照疯照玩。老师说我调皮、聪明,但学习不刻苦,上课不用心。

有几次,我在理化课上写作文,被老师抓住了。本来少不了要挨批,但在老师们为我大伤脑筋的时候,我的作文却得了几次奖。我有些得意,但班主任在班会上说:"有的同学拆东墙补西墙的做法不可取,总有一天会后悔的。"下了课,他还特地把我叫住,关照我要好好把数理化学好。末了,他说了句:"难不成你还真想当个作家?"

也许他并非有意伤我,但他不屑的语气确实让我心寒。这以后,我再也没有认认真真地写作文。

我又找到一件打发时间的事,那就是看言情小说。看言情小说的日子很疯狂,我做梦都是俊男靓女、悲欢离合,第二天便在课堂上打瞌睡,再也没多余的时间去烦恼与忧伤。

但走出小说的世界,我的心里就会懊恼,自责强烈地吞噬着我的心。但我已经无法自拔了,那点懊恼对我的生活不起多少作用。在昏天黑地的阅读中我度过了高中二年级上半学期。

我的好朋友成绩在突飞猛进,一个个都进了班上的第一集团,而我呢,已经沦落到差生的行列,以前的一点自信荡然无存。

同学的目光里对我有了鄙视,我的荒唐已经没人能理解了。她们肯定认为我是个自甘堕落的人。这种行为确实同她们格格不入。谁要还和我混在一起,那准是昏了头。

我也觉得自己不对劲。其实,很多时候,我连小说中主人公的名字都不记得,脑子里只有"哦""耶""嘛"之类的语气词,看多了就觉得肉麻。我又拿起了课本,可我发现要欺骗自己并不容易,课本对我就是没有吸引力。

我对上不上大学并不在乎,可这由不得我。家长和老师已经替我规划了以后的路,他们是我生活的"总设计师"。我必须要考大学,而且最好是考上某一档次的大学。但一想到以后我还得和那些古怪的数字、公式、符号打交道，我就有恐慌感，感到希望茫茫。

但我不走这条路，又能走什么路呢？看到老师、家长那么紧张，我有时也会有点惭愧。看到同学们摩拳擦掌的样儿，我有时也会心动。但我内心真实的想法是要逃离这一切。我强迫自己要沉下心来，但总不管用。老师讲着讲着，我的思绪就飞到九霄云外了。

我要是没那么多胡思乱想就好了，那样，也许我能考上个好点的大学，以后做个体面的人。

## "我和他其实是有一点像的"

我想讲的不是我自己的故事，是我一位同学的故事。发生在他身上的那些事使我感到迷惑。我对他的想法很复杂，有惋惜，有怨恨，还有同情。我不知道这些事如果发生在我自己身上该怎么办，因为我和他其实是有一点像的。

我这位同学叫肖潇，从小就特别聪明。他比我们班上的同学要小两岁，因为他上学比同龄孩子早两年。学校发现他特别聪明，所以才批准他提前入学。三年级时学速算，他算得比谁都快，老师一报出题目，总是他第一个说出答案。肖潇对他自己的聪明也是很自负的，经常津津乐道地提起他的父母。据说他的父亲考高中时是全县第一，而他的母亲年轻时几乎过目不忘，因为两次煤气中毒，现在记忆力明显不如以前了，可肖潇说还是比他记得快。

可能是良好的基因遗传，肖潇学习起来一点也不费力，轻轻松松地就可以在班上名列前茅。剩下的时间，他就读很多课外书。我记得他最喜欢看的一本书是《原子在我家中》，他经常说最佩服物理学家米切尔，说米切尔去郊游时只需用一根指头在眼前一比，就知道远处的树有多高、房子有多远，同伴用仪器一测量，果真差不多。

初三那年，肖潇因获得全国物理竞赛三等奖而被省里最好的一所重点中学看中，把他要走了。可到了高 下半学期，他又转回来了，他是因为逃课被开除而回来的。

我不知道肖潇在那所学校到底怎么了，反正他这次回来整个人都变了。他蓄起了长发，把那高智商标志的大额头遮住了一多半。他还是那样开朗健谈，不过说话有点"油皮"，还带"脏"。说起他那"被开除史"，他一脸玩世不恭的样子。

肖潇转回来后就坐在我前面，自习课时我们经常一块侃。他说省里那所重点中学里全是有特长的学生，有一个女孩是跳芭蕾的，她能双手抱住一条腿，整个人变成个"1"字原地旋转十几圈；有个男孩唱刘德华的歌是唱绝了；还有一个男孩像极了吴奇隆。在他们班上有个女孩天天上课看武侠小说而次次考试得第一。肖潇说，在我们学校他自我感觉还可以，可去了那个学校后才知道自己不过是沧海一粟，根本不算个人物。

被开除回来的肖潇,仿佛染上了逃课的"职业病",仍是屡次三番地逃课。后来,他被罚写检讨。检讨是在一节自习课上读的:

昨天下午我又逃课了,这是这周的第五次逃课。从转学回来至今,我逃课的次数已超过了被开除的界限。学校本来是准备开除我的,但经妈妈一把鼻涕一把泪地恳求,学校决定给我一个月的观察期,先让我写份检讨。我逃课是不对的,我对不起妈妈,对不起老师,对不起学校。我恨自己为什么一而再,再而三地逃课,没有一点自控力。我恨自己没有毅力防止坏习惯的入侵,走到今天这一步。我渴望过去的那个我。我感谢学校又给了我一次机会,我以后不再逃课了,希望大家监督我。

肖潇自从写了检讨后,提起自己的表现也觉得懊悔。他对我说:"你知道吗,那天妈妈哭着求校长时,我真想拉着妈妈走,干吗那么没骨气,可又怕妈妈太伤心。"他又说,"我现在是想学,可真有点静不下心来。那天我坐了半个小时才看了一页书,我脑子都生锈了，运转不起来了。过去我学习效率特高，一天只要坐上两个小时就够了；现在简直是白浪费时间，没效率。"

我们班主任姓季，是个年轻老师。因为每次肖潇逃课被学校抓到，作为班主任他也会受到批评。他对肖潇喊："难道要我成天跟在你屁股后头盯着你?!"

肖潇做完检讨一周后的一节英语课，是班主任的课。季老师因读错了一个音，引发了大家一阵笑，肖潇的笑声最大，调子也拉得最长。季老师看了他一眼，他没在意。季老师今天心情不好，这是早已学会察言观色的我们察觉到的，因为季老师心情好的话会和我们一块笑的。

在肖潇笑声的末了，季老师把书使劲向讲台上一扣——天哪，力气太大了，书竟被弹起掉在地上。这次只有极个别人笑了，而肖潇竟又在其中而且笑声最大。我们真为肖潇倒吸口凉气，大家都熟知年轻的班主任是极爱面子的，火气又大。

或许是肖潇运气"背"，或许应了那句俗话："不打勤，不打懒，专打不长眼。"季老师下不来台，火气全发到肖潇身上："肖潇，别忘了你还在观察期。把书给我捡起来。"

"又不是我扔到地上的。"肖潇虽撞到了枪口上，却还是很犟。

"捡不捡?!"季老师一声吼,吓了大家一跳。

"不捡。"肖潇也铁下心肠。

"不捡你就出去。"

"出去就出去!"肖潇转身撞倒了凳子,但他没管,而是径直朝门口走去。

他那不管不顾的样子更激怒了季老师,他大叫一声:"出了这个门,你就别想再进来!"

肖潇毫不犹豫地走出了教室。放学后,季老师叫人把肖潇的东西全拿走了。

肖潇真的再也没来上课。他先在社会上游荡了半年,后来当兵去了。去年,他的一位好友考上了清华大学,大家不知怎的不约而同地提起了肖潇,说他那么聪明,成天逃课还考十几名,要是能坚持度过那一个月的"观察期",从高一后半学期起好好学,那也定会是块北大、清华的料。

唉,肖潇这样的结局,我也不能肯定地说怨谁。我只是经常告诫自己:别像肖潇那样,拿自己的前程和才华开玩笑。

## "我多么想身体的每一个细胞都活跃着、跳动着……"

我现在是重点中学的高三生,面临的问题只有一个:考大学。而直到现在,我还在怀疑学习的意义。我真不知道学习是为了什么,几句夸奖?一纸文凭?远大前途?恐怕我的成绩还不足以和优厚的薪水挂钩,离我理想的生活状态更是遥不可及。

当理想变得越来越遥远的时候,我的身上便只剩下了责任。父母的殷切期望使我不能堕落(虽然有时我很想),所以我仍然和别人一样,在题海中奋力拼搏。

有时候,我真的和《泰坦尼克号》中的露丝是一样的感觉:我站在一间挤满人群的屋子里,放声尖叫,却没有人听得见。我曾和一位还算不错的朋友谈起过这些感受,比如压抑、困惑、迷茫,理想和现实的冲突等等,她却反问我:"你为什么一定要活得这么明白呢?不管为了什么,你学吧,学习吧,你要考大学的,你的时间还嫌多吗?"

我妈妈在医院上班,工作很闲。妈妈是个外向的、藏不住话的人，而我一向很得人信任，又是个小大人儿，所以妈妈谈起单位的事儿从不避开我，有些话甚至不跟爸爸说却跟我说。于是，我就有了许多机会了解医院，也从别人的故事里了解社会。虽然我一直很当心，不让社会上一些负面的东西在自己心中留下阴影，我也一直还算得上是个善良乐观的好孩子，不愤世嫉俗，不怨天尤人，但是，我想这个不甚公平的社会还是给了自己潜在的影响，例如现在的不积极。

我变得更现实，更懂事。我思考着，我不到年级前五十名的成绩，只能上一般的本科大学；父母简单的工作没能有机会给他们带来广泛的社会关系，那么大学毕业后的分配很可能缺乏这方面的助力。我生活的这个城市不很发达，更不是一个富有活力的城市，所以，如果我仍留在这里，施展的空间肯定不如发达城市大，接触的高素质的人肯定也不如发达城市多。也许有一天，我也会变得俗不可耐，为一些鸡毛蒜皮的小事钩心斗角，一言不合就破口大骂。我不想这样。

而如果我带着一颗不甘平凡的心出去闯荡，那么非名校的学历恐怕会使我举步维艰。

当一切都那么现实地摆在眼前的时候，我会觉得自己的努力没有价值。实在提不起劲的时候，我也告诉自己：谁知道明天会怎样呢？也许是好的呢？从而帮助自己振作一下。可也就是一瞬间的振作。你让我如何相信我会是高考时那个超常发挥的人，而不是那个报错志愿的人呢？如何相信好机会会降临到我头上呢？

假如上天告诉我："你努力吧，你一定可以考上名牌大学，面包和牛奶你都会有的，你想要的生活我会给你的。"那么，我一定会拼的，一定会尽全力，因为我是有希望的！可现在呢，你再努力也不一定能进入年级前五十名，不一定能考上好大学，不一定能过上理想的生活。而也许你只要稍稍努力，保持现状，就可以上个一般的学校，可以混个本科文凭，可以凑凑合合过一辈子了！

我的目光的确短浅，看不到未来会怎样，总感觉是模糊朦胧的。我活得很认真，可我真的很迷茫。

我一直很喜欢运动，喜欢打球时那种全神贯注的状态，感觉身上每一个细胞都在准备着、跳跃着，也喜欢出汗后很爽的感觉。文理分科前，我和好友志同道合，常常打球，然后沿着操场聊天，谈心。可现在，好友读了文科，我读的理科班十几个女生怎么也找不到爱运动的，渐渐我也不运动了。

如今，离高考越来越近了，耳边关于高考的信息也越来越多了。我是"箭在弦上，不得不发"，我至少要给操劳的父母一个较为满意的交代。

可是我多么喜欢干什么事都狂热专注、心神合一的那种状态啊！我多么想身体的每一个细胞都活跃着、跳动着、工作着啊！

# 永不害怕

## 1

你站在世界的大门口,满心慌乱,一面是世界的广大,一面是自己的单薄渺小。你战战兢兢,异常拘谨,对世界充满忧惧和惊疑,害怕不被重视,害怕不被信任,害怕不被喜爱。一颗小小的心永远绷在那儿。

台湾画家、诗人席慕蓉也曾一遍遍问自己:"为什么你那么胆怯、那么害怕、那么拘谨?你究竟担心什么?你究竟怕什么?"

她为自己找到的答案是:"拘谨是因为时时刻刻要和这个世界计较,害怕是随时随地都怕这个世界看轻了你。"

## 2

我想告诉你我的故事。

曾经,一个女孩子从小到大都是班级里功课数一数二的学生,因而也是深受同学羡慕、备受老师宠爱的学生,可是,她一点都不快乐。

这个女孩子就是我。

我曾经做过一个梦,梦见自己又坐在当年高中那间教室里。教室半边明亮半边暗淡,因为有一只日光灯管坏了,我正好坐在那暗淡的一边。老师提问了,让我背诵一篇很长的古文。我期期艾艾地背着,极力探头想看清前面同学举着的书本上的字句,可光线是如此昏暗,什么也看不见……终于一个字也背不下去了,我尴尬万分地僵立在座位上,觉得有无数道目光投向自己,令自己感到无地自容。这时,我注意到她——我的最强有力的竞争对手——坐在明亮的一边,从容笃定地注视着书本。我怨怼地想,为什么她就那么幸运地拥有明亮的光线?

……

从梦中醒来,我一遍遍地问自己:"怎么会这样?"这是很多年来我唯一一次梦见重回中学校园,难道整个青春期的记忆,就浓缩为这么一个梦?菁菁校园里,青春的生命难道就是这样的窘迫慌张、孤立无援而且充满怨愤?我记起我在梦中见到的那些面孔,在一半莹白一半暗淡的光线下无不显得紧张疲惫,没有血色,就像树上刚刚结出的青而酸涩的果实。

生命是多么相似啊,我也曾因幼稚的虚荣心与好胜心放弃自己热爱的文科,进了理科班,却因那不是兴趣所在而对未来深感恐惧茫然；我也曾投身愈演愈烈的学业竞争，在书山题海中跌打滚爬，同时又几乎要被内心那"空洞的疼痛"吞噬；我也曾在笔记本上写下这样的语句："彼人也，予人也；彼能是，而我为何不能是？"把竞争视为人生座右铭……

青春期，就在一场自己与自己的争斗中度过了。生活单调枯燥，唯一的内容就是拼命学习，让试卷上方那鲜红色的分数说话。这些分数也确实给我带来一些良好感觉，一些满足。不知不觉间我内心的世界却越来越褊狭：只有考试成绩名列前茅才能找到安全感，心灵的天平才能达成平衡。

与良好分数并列的，是日益被禁锢的创造力与日益消退的求知愿望。人毕竟不是机器，在没日没夜的演算习题、背诵答案中，我对学习的厌倦心理一日日加剧。我只是竭尽全力，在升学的赛道上跑啊跑，迈着机械的步子，盼望终点的到来……

这种生活对人所造成的伤害，在后面的许多年进一步显现出来。题海生涯透支了我对数学仅有的那点兴趣，到大学后，我发现自己再也学不进高等数学。岂止数学，我甚至透支了对学习的全部兴趣。

过了很久很久——几年或十几年？我无法数清其中的日子——我的求知欲才缓慢地修复，再次爱上了学习。

每当聆听到那些来自青春心灵的告白，那些坦诚却无助的叙述，我的心就会揪痛，仿佛看到多年以前的自己。他们经历着和我当年一样的困扰,承受着一如我当年所承受过的心灵煎熬。为在将来的社会竞争中遥遥领先,我们像对待机器一样对待自己,对自身进行严格乃至严酷的训练。

但是过度地训练压榨潜能,可能透支对学习乃至对生命的兴趣。

## 3

小孩,你一定是不曾外出过的。你惯于藏躲。你也惯于梦想。你却不知道一些平常的东西……你知道车子的意思吗?那东西可以带你到四方去。你知道食物的意思吗?那东西可以止住你的饥渴,余外就再也没什么了不起的价值。别人打你一下,你回敬他一拳;别人骂你,你就诅咒他;别人夸奖你,你就表示高兴;你一个人走,有清静的快乐;你同一个人一起走,你就有了一个伴;你同许多人一起走,你就会感到热闹;只要你敢走,怎么样都好。你应该学会找到你需要的东西,然后快快活活地唱。世界一点也不特别,张开你的嘴,唱吧。

这段话来自严文井先生的《世界一点也不稀奇》,我经常用它来鼓舞自己。世界并不神秘,无论是客观世界还是世道人心都有它普遍的真理。身陷困境的时候,心存恐惧的时候,缺乏自信和勇气的时候,请别忘了对自己说:"没有什么。世界就是这样,一点也不稀奇。"

我亲爱的朋友,未来的生存竞争的确可能是残酷的,你确实要尽最大的力量去磨你的刀,要让自己变得好一些、更好一些!在未来的某天我们或许会成为科学家、艺术家、作家、医生、律师、商人……拥有金钱、地位、声望,这很好;或者我们只是平凡岗位的普通劳动者,拿着不高的薪水,过着庸常的生活,我们仍有自己的价值,这个世界仍然可以供我们行走。每个生命在这个世间都必然有他的际遇与机会,生命会自成轨道,既然如此,那就向前走吧,步履不停,永不害怕!

# 家的孩子

每个人降临人世,就像来到一个险象环生的丛林,家是庇护我们的第一道屏障。如果父母有爱,人格成熟,小孩子就会得到保护与指引。甚至,就算没有指引,只要环境正常,小孩子都会喜滋滋欣欣向荣地成长起来,因为生长是生命的本能需求。

但是,如果环境过于严酷,不适于生长,一个未成熟的生命就会受到压抑和扭曲。

## "这样长大的我，身心已经有严重问题了"

我的原生家庭的特点就是每个人都觉得自己无比正确。家人之间喜欢争对错，彼此总想说服对方，把自己认为对的东西强加到对方身上。我的家人信奉打击式教育，听到别人一点点优点就拿来打击我。我在外面受了委屈，回家诉说后是得不到援助的，换来的只是冷嘲热讽。面对困难，一家人之间相互责怪，无法真正解决问题。就算最后问题侥幸得到解决，家人间也是积累了很多怨气的。

我妈妈是教师，爸爸在银行工作，都受过高等教育，但都是满脑子标准答案的人。会不会教育孩子和学历、职业还真没关系。

学校教育也曾给我的心灵留下过阴影。从幼儿园到高中，体罚、语言暴力或亲历，或旁观，虽然偶然，但对于敏感的我，影响还是很大的。我高二下学期离开了原来的学校，到另一所高中借读，由理科换成文科。在那所学校，我碰到的老师已经算很不错的了，仍不是我所期望的那种能走进学生心灵、善解人意的老师。说实在话，在超高的升学压力下老师也压抑，偶尔控制不住吼两声就算了。但是，那种体罚、使用语言暴力，给学生带来身心伤害的老师的确还有。

这样长大的我，身心已经有严重问题了。我有一定的讨好型人格，面对不好的事没有维护自己权益的能力，有那种"我再努力一点，再做得好一点，别人就会对我好的"内心戏。因为缺乏家庭的温暖和支持，我长了一脸的受气样。这些都使我人际关系困难重重，常有不好的事情发生。

下面，我说几件发生在我身上对我构成伤害的事情。

事件一

小学一年级上学期期末，我考试考了80多分。妈妈嫌我考得不好，回家说："他居然连80多分都考出来了。"然后一整个晚上，爷爷奶奶爸爸妈妈一直骂我。我很伤心，靠在碗橱上哭。

这种事情在那段期末复习时间里发生过多次。我身边没有一个帮我说话的人。家里就像个冰窟窿一样。我晚上常常一个人在被窝里流泪，觉得很委屈，为什么所有人都要这么对我？

而且我当时就想，如果让我一个人安安静静看看试卷上错误的地方，总结总结，效果也比这样考不好回家被一群人骂来得好。

那是我最早对家感到恐惧。全家人一起骂我，全家人的气发在我身上，全家的焦虑压在我身上。也就是从那个时候起，我开始怀疑是否一个看似完整的家庭就一定意味着美好。我在一个不被理解和看见的家庭中待得太久了，一个家人之间不能相互理解的家庭是怎样摧残家庭中每个人的，我最清楚。

事件二

二年级下学期期末，临近暑假的时候，一个星期天中午，快要吃饭了，爸爸非要逼着我做一道题，然后奶奶帮我说了几句话，说我一上午没怎么休息，一直在看书的。然后爷爷和爸爸就骂奶奶。

下午，爸爸去上班，爷爷出门了，奶奶就躺在家里躺椅上，一边哭一边骂我不争气。全家的怨气撒在我身上，这不过是其中的一次。那天下午天空乌云密布，却始终没下雨，天空的颜色与我的心境一样。

事件三

这是五年级下学期的事情。放学后我路经一家超市，超市旁有棵大树，树下站了一男一女（应该是一对情侣），他们在吵架。我也没注意，径直走过去。谁料就在经过他们身边的时候，那个男的突然把装满饮料的饮料瓶砸向大树。瓶子擦着我的脸飞过去，砸在树上，瓶子碎了，里面的饮料溅出来，喷得我头上脸上眼睛里衣服上全都是，而且那个男的还凶巴巴瞪着我。我非常害怕，赶紧跑开了。

我受到了惊吓，但没对家人提一个字，我是不会对他们诉苦的，那只能是找顿骂而已。如果告诉他们，我知道他们会说什么，肯定是骂我"眼瞎，走路不长眼，看到情况不对还走过去干什么"。我的家长都是那种在我回家求助于他们或者与他们分享我的感想的时候，评判我、打击我的人。

这件事情还让我开始觉得社会是不正常的。那个男的明明伤害到我了，不道歉不说，还那样瞪着我。我不明白，一个人做了理亏的事情哪来的底气去凶别人。这样的事情我后来又有所经历，也观察到很多。

初二寒假，过年的时候爷爷问了我一个物理题目，吃饭的时候问的，我答得稍微慢了点，其实也没答错。结果一个寒假我就在爷爷的咒骂声中度过。

整个初中，我在学校被邻班的几个人莫名其妙起外号，辱骂。我内忧外患，觉得世界这么大，没有一处是属于我的容身之地。

进入高中，长期的压抑使我的身体也有了问题。我经常会呕吐，或者想呕吐却吐不出来，胸闷，整个人生不如死的感觉。这种状况下我的学业可想而知。

我所在的那所高中以严格管理著称，在那里我非常压抑，加上不喜欢理科，就转学到另一所学校了。

在新的高中我遇到了不少好老师。我在高考后等待上大学的那个暑假拜访了高二的政治老师，和她深入交谈了一下。她和我说起她儿子的事情。她儿子初三时因为一次化学试卷没订正好，被情绪激动的化学老师指指戳戳时把眼镜打掉在了地上。从此她儿子对化学彻底失去了兴趣，作业做不了，完全听不进，请谁补习都没用。后来政治老师和她先生意识到有问题，耐心询问孩子才得知这件事。

一个老师的粗暴，毁掉了一个孩子对一门学科的兴趣，还给孩子带来身心问题，实在是让人痛心和愤怒。

以上的事情全部是真实的，我把它们写了出来。以前我也尝试倾诉过，却经常被人指为"编故事"或者直接被攻击为"为自己找借口"。我确实找不到证人来证明我所说的内容，但是我确实是凭良心写的，信不信只能由你。

近几年网络上逻辑混乱、旨在制造焦虑的教育爆款文比比皆是。有些文章的作者都是有身份有地位的人，却公然鼓吹体罚。一些明星似是而非的育儿观传播很广，危害极大，他们主张对孩子严加管教，提倡打击式教育，我觉得很糟糕。一对明星夫妻，丈夫说他自己是在打击式教育下长大的，将来也会对自己的孩子尤其是男孩子使用打击式教育；妻子对于小时候被父亲用针扎手逼着学琴也很感激。我是真心为他们未来的孩子担忧。

我觉得王朔和李娜的育儿观很好。王朔在教育女儿上是斩断轮回的，自己小时候挨打，发誓不打孩子，结果真的对孩子很好，从来没打骂过。李娜意识到自己所受的教育方式不对，给孩子创造了与自己不一样的教育环境。我很欣赏他们的教育方式。

我觉得现在的小孩子远不是被宠得多，而是太苦了。他们的童年是被透支的，心智是被催熟的。学业的焦虑，使得亲子关系被破坏，本该最亲近的父母成了孩子需要提防、对付的对象。所以他们的挫败感比谁都严重。

我现在每每看到一些传递焦虑的文章或者鼓吹体罚的文章，

便感到很伤心。看到下面表示赞同的留言，就仿佛看到了很多孩子被折磨，也看到了那个曾经被严重心理虐待的自己。

看到小孩处在这样的环境里面，我心里在滴血。我是一个没怎么得到家庭援助和温暖的人，我猜将来我也很难构建亲密关系了。我真不忍心看到还有很多小孩继续我的悲剧。

我现在的愿望就是将来自己爱自己，把一个人的生活过得好一点。这是我的目标。

## 生命终将带着创伤继续成长

一个青少年,热衷于与我探讨教育问题,他自己也格外关注教育问题。这件事很有意思。

我听了他的一些故事,心中难受,感觉他所接受的家庭教育的方式并非是个别情形,而且这种精神虐待通常是隐性的,容易被忽略,所以危害更大。

说起来并没有什么骇人听闻、直接针对身体的暴力,但一个小孩子动辄被全家人围剿,精神上完全孤立无援,那种无助与挫败足以毁掉一个原本美好的生命。

与此同时,我也在他的来信中看到了生命的强韧。他学习,思考,自我疗愈,在茫茫人海中寻求与同道者沟通,这都是让人肃然起敬的行为。

生命终将带着创伤继续成长。

## "我费尽心机讨别人欢心，讨大人的欢心"

小时候，我家住平房，很窄。每有客人来家过夜，妈妈就打发我和大我一岁的哥哥到奶奶家去睡。我妈妈和姑姑们的关系不好，我们家里又穷，亲戚们都瞧不起我们。我永远也不会忘记姑姑们像对待乞丐那样地对我们。那时我只有8岁，但已经明白很多事情了，我躲在奶奶的房里不出来，但灾难并不因此而远离我。奶奶房里的尿壶被打翻了，他们不分青红皂白地说是我，我怎么解释也没有用。那夜，我躺在床上哭了。妈妈对此全不知晓，还以为我在奶奶家过得很快乐。后来，我不肯再到奶奶家，她感到不可理喻。

我小时候有口吃的毛病，读书很困难，连话也说不清楚。在学校，同学们学我说话，笑我。我发音有困难，也很痛苦。我三番五次要求妈妈带我去治疗，可是妈妈总是不把这事放在心上，武断地将我讲话不清楚的原因说成是撒娇。

读初一那年，学校流行萝卜裤，而我总是穿着表姐穿剩给我的落伍的喇叭裤，看上去很土。那时候，家里并不是很穷了，餐桌上经常有鸡鸭鱼肉，可妈妈就是不肯给我买一条裤子。在一个孩子的心目中，一条流行的裤子要比多少鸡鸭鱼肉都重要啊！直到现在，我依然认为，虽然勤俭节约是必要的，但家长还是应该给子女买一两身合潮流的衣服，要不然，孩子站在同龄人队伍中是那么的不协调，久而久之，难免变得孤僻而不合群。我在学校里没有朋友，独来独往，脾气越来越坏，性格越来越孤僻。

我有一个同学，她留意到我曾说过从小到大我从不曾拥有过一个洋娃娃，一年春节的时候，她用压岁钱买了一个米老鼠送给我。这对于那些经常收到礼物的同学来说也许算不了什么，可是对于我，对于孤独、敏感、渴望关心的我，却是雪中送炭，给我冰冷的心注入了一股暖流。我高高兴兴地搂着米老鼠回家，心想，从此以后，我就可以夜夜搂着米老鼠入睡，和它谈心事了。

谁知，一回到家里，妈妈以影响学习为由把我训斥了一顿，最后要我把米老鼠送回去。我不肯，她就打我。我那时还小，经不住打，只好哭着带妈妈到了我那个同学的家。妈妈不但骂了我同学，还骂了她妈妈，骂她们把钱花在不该花的地方。妈妈这样做，使得爱面子的我无地自容，因此而恨透了妈妈。其实，妈妈只是因为我平时寡言少语，不知道我在想什么，不放心我交朋友。但她那样处理这件事，对我真是一个很大的打击。

直到现在，说起这件事，妈妈仍不相信这件小事会使得我这样恨她，她说："你吃的穿的都是我供的，你就为了一个外人而恨自己的妈妈？"是的，我吃的穿的都是她供的，她以为这样就足够了，她从没有关心过我的感受。每次我撕心裂肺地痛哭，她都不明所以，不明白我为什么会哭得这么伤心……

妈妈平时不关心我。她要是心血来潮，想知道我的事情，就翻我的信和日记，这只会引起我的反感。

妈妈对我的交友限制得十分严格，不允许我和成绩差的同学玩。那时有一个成绩不怎么好的同学和我很好，我非常珍惜这段友谊。他每晚下自习都和我一起骑车到路口，而妈妈晚上有时会出来接我。我下定决心，要是被妈妈看见了，我就直直地撞出去。现在想起来是多么让人不寒而栗啊！为了一段友谊，我可以不惜牺牲一切，由此可以想见我是多么缺乏爱，一点点爱对我是多么重要。幸亏后来妈妈没有来接过我，我那可怕的计划才没有实施。

由于妈妈的缘故，我从不敢告诉任何人我家的地址，也不敢让妈妈知道我任何一个同学的地址。我把自己封闭起来，我更加孤独了。

每年快到生日的时候，我就开始幻想，幻想有一个怎样美好的生日。其实，我并不是想得到礼物什么的，只是想念那种被人关怀、被人挂念的感觉，那该是多么幸福啊！可惜每次我都失望了，没有一个人记得我的生日，一个也没有！我被人们遗忘了，我被这个世界遗忘了！这种感觉无时无刻不在折磨着我。

一年暑假，远在广州的两位表姐回家乡来探亲。晚上，洗完澡后，我跑上大床睡觉。妈妈一见，赶忙赶我下床，说："大床是给表姐睡的，你这么脏，别弄脏了床。"说完，她就忙着张罗去了，根本没空注意我。我呆在那里，简直不敢相信自己的耳朵，母亲说自己的女儿脏？

夜里我和姥姥挤一张小床，怎么也睡不着。我躺在床上，愤愤地想，为什么她们就有那么多人疼，那么多人爱？我哪点比不上她们？我比她们懂事，我比她们聪明，虽然我身上只有不合身的旧衣服，可那是别人穿剩给我的。如果我穿上带花边的睡衣、美丽的裙子，我比她们还漂亮……

从小到大，我费尽心机讨别人欢心，讨大人的欢心，可是我没有得到一点我想象中应有的回报。我到哪儿都是讨人厌、讨人嫌的，我恨他们，我试图报复他们。外祖父瘫痪一年，我狠心地一次也没有去看过他；我把水装作无意地倒在正在洗衣服的妈妈身上；爸爸妈妈不在家，姥姥到家里来住，我把饭藏起来，听着姥姥向爸爸妈妈告状，我冷笑，爸爸打我，我动也不动，眼睛瞪着他们。

为了摆脱孤独，我拼命地学习，每晚学到半夜，终于在期中考试时取得了第一名。我高高兴兴地把这个喜讯告诉家里，希望得到家人的肯定。谁知，妈妈竟不相信，她说："你不可能得第一的。"这句话犹如晴天霹雳，我整个人都崩溃了。在学校里被欺负，我没有哭过；在学习上遇到困难，我没有哭过。我忍啊忍，将一切都憋在心里。但是，取得的成绩却没有人肯定，三天三夜，我的眼泪就是止不住地往下流啊。我疯了似的跑到路上，趴着吃沙子，两三个人都拉不住我。

后来，我凭着很好的基础，考进了重点高中。

回首童年，只看到一片泪水涟涟。您可以想象在这样的环境下长大的我，是怎样的一个人。我没有爱心，也没有同情心，我的心中充满了痛苦和悲伤。

不过，现在的我已经不是从前那个我了。我考上的这所重点中学，学风比较好，我在这里读了很多课外书，读三毛，读郑渊洁，读王小波……我渐渐地明白了一些道理，精神上也有了寄托。我广交朋友，积极参加体育锻炼。我尝试去理解父母，与他们沟通。我也矫正了口吃的毛病……我渐渐地快乐了起来。

但是，童年的痕迹永远抹不去，永远留在了心底。每当我遇到困难和挫折的时候，我就想，所有的灾难，都是老天爷因为你的肩膀承受得起才给予你的。

## "我暗暗松了口气,却又隐隐地觉得一丝伤感"

我从小就害怕爸爸,不敢像其他小孩子一样和爸爸撒娇。他教导我:"吃饭的时候不许说话。"起初我争辩道:"那你还不是说话。"他就更凶了,绷着脸说:"你还管我,我说不许说话就是不许说话。"我们家总是在沉默中吃完一顿顿饭。

在我的成长中,爸爸多数时候是缺席的。他不记得我的生日,不知道我喜欢吃什么,也不清楚我的成绩。他只在放假的时候看一眼成绩单,然后按照老师的要求在上面签字。偶尔他心血来潮模仿别人的方法来教育我,效果总是不好。比如他看到电视上说让小孩坚持写日记,作文就会好,于是逼着我写日记。我那时才小学二年级,不会写,他就拿来本子,他念一句,我委屈地跟着写一句,最终坚持不到三天就不了了之。我始终没有办法朝他设想的那个方向去发展。

不单我对他存有惧怕,表弟表妹连同我同学都害怕他,每次邀他们来家里玩,他们先要问:"你爸爸在家吗?"不在,他们就放心大胆地来；在，无论我再怎么热情邀约，也不肯来。

小学时我去同学家玩，他们家就暖融融的。我走的时候叔叔阿姨会站在路口，要我回家当心。我紧闭的心门一下子就被这么简单一句暖心的话语打开了。我一直想要的无非就是这样，温和一点，柔软一点，只是一直得不到。

上初中后我就决定住校了。跟爸爸在一起让我感觉越来越难受，彼此没有话说。他常常看我不顺眼，我不能如他所愿每天早睡早起，不能把自己所有的一切收拾得很整齐，吃饭的时候仍然喜欢说话。我们好像彼此为难着对方。

住宿生一周可以回一次家，但我常常一个月才回去一次。不是不想家，天知道我有多想念妈妈做的饭菜！学校里的饭菜反反复复就那么几样，吃不了几天就腻了，味道也不好。

可是每次想回家的时候，总会想到爸爸。我害怕我们之间那种一言不发的尴尬气氛，害怕自己会忍不住和他顶嘴，害怕他和妈妈吵架。这所有的害怕让我一次次拖延着回家的时间，宁愿留在学校，就买点面包、方便面、饼干什么的充饥。

临中考前，有一次回家，晚上爸爸妈妈不知道为了什么事情又开始吵架。他们不做饭，连灯也懒得开，就你一句我一句地开始吵。吵到后来,妈妈说:"这日子还过不过了?"爸爸说:"过不了就散,离婚!"

长这么大,我只在电视剧里见过离婚,现在突兀地听到这字眼,吓得"哇"的一声哭了出来。妈妈一看我哭了,就没再说话。爸爸瞪着我:"有什么好哭的,别哭了!"我不敢大声哭了,可仍止不住抽泣。房间里死一般静寂,只有我的抽泣声,像这悲惨生活的伴奏。妈妈在沙发上摸黑坐了很久,后来拉着我回房睡觉。早上起来,他们都不说话,我也不敢吭声。吃过早饭我就匆忙回学校了。

我所有的学费、生活费都是妈妈在负担。我不知道为什么。可能一方面因为爸爸的单位效益不好,工资不多;另一方面大概他担心付出没有回报吧。记得某个夜晚我听见他和妈妈在说话:"你别一天到晚她要什么就给她买什么,好好的孩子就让你给惯坏了。"妈妈不服气:"你不给买,我也不给买,能行吗?"他叹口气:"现在的孩子啊,也别对她太好,将来谁知道能不能指望得上呢。"妈妈冷笑:"指望不上就不管了,有这么做父母的吗?"我用被子蒙着头,眼泪簌簌地落下来。

在家的日子,妈妈做饭的时候,爸爸在客厅那边看电视,我就躲进自己的房间看文学书。有次读到一篇散文，作者用很简单很温暖的文字勾勒着她的生活，她的爸爸会在她的每一本参考书扉页上写下"送给我的女儿，祝她考上理想的大学"。这些简单的文字几乎让我潸然泪下，她多幸福啊，有这么好的爸爸。我就没有。我总怀疑爸爸所关心的电视上没完没了介绍的国家大事与国际局势，那所有的一切都比我重要。这让我感到很悲哀。

有一次，我忽然无法控制自己，突兀地问了一句："爸爸，你爱我吗？"

爸爸脸色大变，被我激怒了。他说："我不爱你？你有没有想过这么多年如果没有我，你能活到现在？你小时候生病要去医院，是谁背你去的？吃饭穿衣，是谁挣钱给你花……"他所理解的爱，只是饿了给饭吃，病了领去看医生这么简单。而我希望的爱，是小时候可以坐在他腿上，骑在他脖子上满世界转；大了可以心平气和，好好地沟通和交流……我希望的爱，是理解、支持与鼓励。

中考之后我在家待了一个暑假，平日在学校里感觉不到，此时才发觉父母之间的情况有多糟。虽然他们少有吵架，可是彼此不言不语，吃饭看电视都可以一言不发；偶尔说话，都是冷嘲热讽，硝烟味十足。原来，之前他们为了我，还是尽了最大努力扮演和平的。

那个假期非常不平静，他们很快就开始吵架，摔打东西，或者彼此不理对方。我劝解过，最后发现自己的规劝起不了任何作用，成人世界里面有太多我无法理解的东西。

我只能花更多的时间躲在自己房间看书或者上网。我害怕看见他们坐在一起一言不发，也害怕听见他们吵架，我不知道下一句会不会是"过不下去就离婚算了"。这句话就像一颗定时炸弹一样埋在那里，随时都有可能爆炸。有时候我倒是抱着解脱的心理，这样的日子倒真不如离婚算了。怪了，竟然是我先希望他们离婚，一天到晚惶惶不可终日，生怕哪天踩到定时炸弹，这样的生活多么可怕。

高中开学之前，妈妈试探地问我："要不，下学期我到学校附近租房子陪读吧？"

"好呀好呀！"我欢快地喊着。如果妈妈过去了，我就又可以过着无忧无虑的生活了；可以每天看见妈妈的脸，不用再打电话发短信以慰思念之苦；可以吃到妈妈做的饭菜，那种有家的味道、外面无法模仿的饭菜……

只是我心里面还有隐约的担心,不知道爸爸会不会一起住过来。我觉得这是个两难的选择,无论他做什么选择,我都不会感觉快乐的。他若过去,情形和现在没有什么改变,只是把战场搬到离我更近的地方而已;他不过去,我们已经充满隔阂的父女关系将更加淡漠。

爸爸最后说:"希望离上班的地方近些,所以就不来陪读了。"

我暗暗松了口气,却又隐隐地觉得一丝伤感。

## "我始终没看到妈妈睁开眼"

我妈妈有风湿性心脏病，在我4岁那年做了一次手术。手术后，妈妈恢复得很好。在我眼里，她是个健康的妈妈，跟别人的妈妈没啥两样。

但我后来知道，那次手术是治标不治本的。近几年，妈妈的病又重了，经常得吃药。爸爸听说心脏瓣膜可以换，便想再给妈妈做手术，因为这样才能治愈妈妈的病。

去年冬天，爸爸和姨夫从济南的大医院请了一个专家到我们这儿，为妈妈做了手术。手术似乎很成功，妈妈醒来的时候精神很好。可没过一天，妈妈不行了，直到这时爸爸才让人到学校把我叫去。到这时，我才知道妈妈做了心脏手术。

到了医院，我简直不相信躺在那里的是我妈妈，那个人憔悴苍白，毫无生气。当时，妈妈已休克了一个多小时，医生让我们准备后事。我站在那儿流泪。

后来，妈妈的心脏又跳起来了，生命又回到了她的身上。第二天,爸爸又让我回校。临行前,我到隔离病房去看妈妈。医生不让我说话,我呆呆地站着。才过了一分钟,医生就让我出去了。我始终没看到妈妈睁开眼。

我还以为妈妈度过了危险期。三天后,爸爸又让人到学校接我,可这一次,是让我去见妈妈最后一面的。我不知道当时是什么感觉,只觉得这一切都不是真的。

回家后,家里人才一五一十地把妈妈做手术的全部经过讲给我听。爸爸说妈妈做手术前住了两个星期医院,所有的亲戚都去看了她。可我这个女儿却没有。手术前一天的晚上,妈妈哭着让爸爸到学校接我见一面。那时,我已经有一个多月没回家了。妈妈说她想我。可爸爸劝她,说我正在读书,让我知道了会影响学习的,等手术做完后再来看她,不更好吗?这样,妈妈带着遗憾进了手术室。

返校后,想起这些事,我经常上着课就走神了。妈妈是手术后过了五天才去世的,爸爸说她不放心我。我想,如果当时我不听医生的话,在妈妈的耳旁说上几句话,她是不是能够活下来呢?我想,那五天,妈妈一定在等着我去看她,她是等累了、等倦了才走的。

从那以后，我的成绩直线下降。老师讲课，我懒得听，支着下巴想心事。下课作业不愿做，看到作业本就烦。我的成绩从第四名落到了第十七名。我整夜整夜地做噩梦，后来发展到一闭眼就做梦，梦见妈妈又回来了，她说那是跟我们开了个玩笑。

现在我每天记日记，许多话只能在心里说，只能记在日记本上。我最想的事是要把成绩搞上去，不让爸爸失望。可成效却不大，成绩总是不稳定，忽高忽低的。我还会无端地发脾气，看不惯别人，更看不惯自己。我觉得自己是那么的无能。

爸爸年纪不大，才四十几岁，亲戚都劝爸爸再娶一个妻子。我知道可能某一天爸爸会再结婚的。我知道我不应该反对，但一想到要喊别人妈妈，我就无法忍受。在我心中，妈妈只有一个。我真的很矛盾：等到爸爸结婚了，如果我不肯喊继母为妈妈，家里的关系一定处不好，那样爸爸又会难过。唉，真不知道怎么办才好。

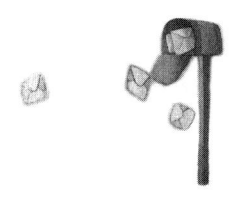

## "因为有了这些爱,残缺中依然有美好"

从我出生的那一天起,就已注定了我和别人是不一样的,因为我患有"进行性肌营养不良"症。它意味着我一辈子都不能跟别人一样行走。

3岁时,在幼儿园,别的孩子上楼下楼尽情地玩耍,我看着,心里痒痒的,也想加入他们的行列,可我却爬不动楼梯。我跑不动也跳不动。因为这个原因,别的孩子常常疏远我——跟我一起玩没劲嘛。每逢这种时刻,我心里都很不是滋味:为什么,为什么我和别人不一样?小小的心里,初次感受到莫名的失落。

那时候,我毕竟还是个懵懵懂懂、一无所知的孩子,即便是失落,也像浮云轻轻地一掠而过……

渐渐地,我长大了。我越来越发现自己与别人不同:体育课上,别人在跑道上奔跑、在球场上驰骋,我只能站在一边看;合唱比赛时,同学们都上台表演了,我只有在台下加油的份儿;春天、秋天都是宜人的季节,别人忙着出游,到户外感受大自然,我只能守着电视机,在屏幕上领略美景……我开始意识到,我与其他人的距离越来越远。

中学以后,我几乎丧失了行走的能力,上学、放学都得由父母背着。我每天的生活也就在学校与家这"两点一线"上完成,再也没有嬉笑玩耍的放学之路,再也没有打弹珠的小比赛了,有的只是父母背上的来来回回……

我曾不止一次地幻想过:有那么一天,我能站起来,能够行走,和同学们一起在跑道上奔跑,在篮球场上跳跃,在户外田野上玩耍,和爸爸妈妈手挽手逛街,尽情地做一切曾经想做却又无法做到的事情……然而,这一切的一切都是幻想。我所面对的现实是:我将永远无法行走。

小时候的痛苦,无非是小朋友不跟自己玩,而现在,我开始明白,我要面对的是一生的难题。命运对于我,就是如此残酷而又无法逃避。我的腿,我的永远无法站立、无法行走的腿,为什么是我,偏偏要有这样两条腿?!这些念头整天在心里萦绕,成为难以忍受的痛苦。

从3岁发现病症开始,我的父母就陪着我一起踏上了一条漫长的求医之路。爸爸为了支撑一个家,兢兢业业工作着,同时抽出一切可能的时间陪我。为了我，他把能不出的差都尽量推掉，他认为最初发现我的病情时，是因他出差而贻误了及时的治疗。其实，他和我，我们都知道，这种病不会因治疗及不及时，或因他在不在家而有所改变，它迟早都会落在我的腿上。

现在，为了我，爸爸即使出差，也总要跑到当地各家医院，甚至到骗人钱财的江湖郎中那儿去打听，他总是为一个极小甚至没有可能性的药方而花掉好不容易挣来的钱。这些年，中医、西医、针灸、推拿、新药、偏方、点滴、反搏……什么都试过。只要有一点点信息，他便满怀希望，一次次将钱汇去，药收来。就这样，一个个疗程由希望到失望；当新的信息来时，又升起无限的希望。

我一直记得妈妈在我逐渐丧失行走能力时说的一句话："延延，你放心，妈妈的肩就是你的双腿。"妈妈在风雨里背了我十四年。妈妈很瘦小，可以想象妈妈背我是何等的艰难。为了照顾我，她主动从房管局调到离家近的一个小厂，不久后又下岗了。她又去网球场工作，捡球，打扫场地。每天放学时，她都是准时站在教室门口。妈妈很年轻，鬓角却有了白发。我不敢去称体重，趴在妈妈的背上，我明显地感到自己的重量和妈妈的吃力。有一次，我问她："妈，我重吗？""不重，和原来一样。"妈妈顿了下，说，"只要你想读书，能上大学，妈就是爬着背你也要把你背到学校。"妈妈在替我行走。

有一次，爸爸妈妈和他们的一位朋友在房间里，我听到那个叔叔问："孙延3岁时就这样了，你们为何不再生一个呢？"爸妈回答说："政策上是允许的，但再生一个，怕延延受委屈。"我当时正在做作业，碰巧听到这话，不觉掉下了眼泪。爸妈为我所做的一切、所承受的一切，都表明他们对我所抱的希望，我有什么理由让他们失望，又有什么理由对自己失望呢？上帝没有给我一双会走路的腿，但给了我最伟大、最珍贵的馈赠，那就是亲情。在这份挚爱真情面前，无论如何，我都是不敢轻言放弃的啊！

在许多人"代替"我行走的岁月里（除了父母，还有老师和我的同学们），我越发地感受到生命中不能承受的轻与重。病魔只能使我失去自由行走的能力，却无法阻止我与之相搏相拼的意志。在与病魔的持久战中——这已历时整整十四年了——我渐渐学会了坚韧，我也深深地感受着来自父母、恩师、同窗的关怀。对我来说，这个世界是残缺的，然而，因为有了这些爱，残缺中依然有美好。

## "唯愿成为一只淡绿的萤火虫"

我的童年是在四面环山、遍山青竹的壮家山寨度过的。故乡真的好美,细细的山泉飞檐走壁地流向农家,枇杷树上的果子黄灿灿地诱人,野生的凤凰鸡就飞在山间。唉,我的嘴太笨拙了,总是无法形容记忆中的故乡,虽然无数次地回想着、眷恋着!

小时候我的身体太差,除了放牧家里的小黄牛,妈妈再也不让我干别的。直到今天我还是一副软骨头,什么农活也干不了。有一年冬天,我和伙伴小咪上山放牛,照例烧上一把火,烤从家里带去的粽子。风很大,我第一次发现青色的草也能烧着,当时奋不顾身地去扑火。待一切平息之后,小咪一看我的脸就乐了,眉毛被烧掉了半截。我吓哭了,没有眉毛的小女孩多丑呀!小瓜的爸爸在山下大吼说要抓我们去治罪。这是记忆中很深刻的一件小事。

后来,我们全家在一个陌生的镇子安家落户了,从此远离了故乡人亲昵的呼唤声,远离了故乡淳朴的风土人情,远离了故乡明朗的夜空及飞过家门的萤火虫。我常想，要是没有这个转折，今天的我会是什么样子？至少不会这样自卑和多愁善感。有时候，我觉得要这个非农业户口何用，它使我失去了童年的单纯和快乐。我心甘情愿做壮家的女孩，而不愿到这个地方。

错就错在我没有一个好父亲，关于他的坏，我不想再举什么例子。总之，父亲就是父亲，这是永远也无法改变的，我受过他太多打骂，但一样爱着他。

我的同学没人相信我会被父亲打骂，他们觉得我是个绝对听话的孩子。不对，我也叛逆，我有自己的思想，常与父亲的夫权、父权思想相抵触。我无法忍受他对待母亲和我的粗暴态度，更不愿屈服于他。

小学的时候，妈妈不在身边，我一放学就得忙家务。爸爸是从来也不会为我煮一次饭、洗一次衣服的。那时语文作业特别多，我常常不听数学课而偷偷完成语文作业，以便放学后有时间去做家务。数学老师曾对我表示抗议，但在我每次测验接近满分的成绩前又无可奈何。

就这么在委委屈屈中送走了一段日子。上中学了，我进了重点班。同学们并没有让我产生过多的压力，然而我总是小心翼翼的，沉默寡言，生怕一不小心就得罪人。在从学校返回宿舍的路上，我心里总是害怕。路边常蹲着一群对女孩子品头论足的男生，有些难听话从他们嘴里说出来，真叫不漂亮的女孩们想挖条地道走。从没有人说过我是美丽的，所以，我已从心里认定了自己是丑女孩。我看见校花一级的人物就远远地躲开，不想做她们的陪衬，被那些男生羞辱。我是如此的自卑，而且异常孤独寂寞。

直到临近毕业，我才知道同学们是怎样看待我的。我的同学录是班上设计最独特的，也是最受大家欢迎的。慢慢地翻看每个人的留言，太多真诚的言语，太多信任和鼓励，一切都是那么沉甸甸的，我有一种欲哭的冲动，便放纵自己当着那么多人的面哭了。最令我感动的，是班上比较"坏"的男孩子，他们平日里对自己讨厌的女孩总是不理不睬，他们从未和我说过一句话，我想不出自己有什么地方做得不对，多疑的我总以为是自己得罪了他们。然而，他们竟是因为尊重我，不想影响我平静的学习生活，同时还因为怕我看不起他们的言谈举止而不主动与我说话。我怎么会呢！我喜欢大家的呀！

中考前的一个星期五是我的16岁生日。我在心里期盼着祝福，但还是努力让自己摆脱这种可笑的心理，做数学题一直做到十一点半。住校的男孩们很少待到这么晚，他们坐到我的身旁，一个个给我送礼物，说着祝福的话。我当时感动得只会一个劲儿地说"谢谢"。最珍贵的一份礼物，是有全体住校男同学签名的一张生日卡。同桌在回宿舍的路上说："怪不得老觉得他们在观察你，班上没有哪个女孩有这种福气，我说过他们一直尊重你，你总不信，你呀！"我信，我真的相信，谢谢他们长大了，不以外表与贫富评论一个人。

原先，我的成绩并不特别引人注目，总在老师们认为可以培养的幅度上徘徊。我的中考成绩却意外地成了如今的文科班第一，一上高中就被老师们寄予厚望。我就怕这个，我喜欢自由发展而不愿在高压下猛拼。何况，学习从来没有占据我生活的全部，我会完成每一份作业，应对每一次考试，可是，我还会在与高考无关的课上，把课本当成心灵笔记，一页页地涂抹上各种情绪。我还在不喜欢的老师上课时明目张胆地看杂志。自习课时，我喜欢眺望远方的地平线，整理心情，品味长大的感觉……我不得不说，高一是我学习上最灰暗的一年，每次大考的成绩都落在第十八名上。

我沮丧抱怨，变得好消极。成绩不如人意，家庭生活拮据，父亲越发严苛，我自己莫名其妙害了场大病。面对这一切，我绝望了。

幸运的是，我生命里最好的一位老师——曾在外乡漂泊而今又站在我们班讲台上的林老师，向我伸出了救援的手。他说，我的心情几乎是每一个敏感的女孩都会有的，幸而我在高一，要在高三就会影响高考了。每个星期我都会认真地写周记，然后等周记发下来，带着感动的心情沉浸在老师温馨的评语中。老师是个很忧郁又很有才气的人。他的书法令班上每个人都佩服不已，他新颖的授课方法使他成为我们最喜欢的老师。他的忧郁，大概出于怀才不遇。教我们一年后，他又到广东去闯天下了，他说一年后他会回来的。班长念完老师写给大家的信后走到我面前，说还有一本《简·爱》是送给我的。我喜欢这本书。简·爱确确实实地震撼过我的心灵，她是我心目中一面永恒的旗帜，没有谁比她更美丽。她让我明白：一个相貌平平的女孩，拥有思想和性格，拥有智慧，也会一样地变得可爱，因为可爱而美丽。

于是，在没有林老师的日子里，我抛开所有的沮丧，重新开始自己平静的生活，成绩也开始回升到第四、第五名。班上比我聪明的同学很多，或者我本来就不是个智商很高的女孩子，所有的成功都源于努力，一步一个脚印地往前走。

　　现在的我，几乎抛开了一切与高考无关的东西，包括幻想。于是，高三便显得单纯多了。一次高考就可以决定一个人的命运，这一切太残酷、太沉重，可又能怎么样呢？万一被挤下独木桥，我将面临与我的设想截然不同的人生，或者挤入打工族之列，或者在贫瘠的红土地上消耗时光，这两种都不是我想要的。我的要求并不很高，只想像林老师那样做一名高中语文教师，受学生喜欢。一个人住在一个漆成蓝色的屋子里，要能临近海边就好了，我会把一切布置得干净整齐、一尘不染，然后坐到窗台前，把该做的工作做完，便开始读自己喜欢的书，翻阅自己钟爱的杂志，有时也动笔写写心情……这样的生活似乎很远。只是，随着高考一天天临近，它又似乎也在一天天靠近。

　　我吃过不少的苦，因为无米下锅、无油煮菜而用白开水烫红薯叶，那难以下咽的滋味我品尝过；为了开学的学费，在信用社门外的寒风里排队等待借款，这样难挨的时光我经历过……

　　都说"少年不识愁滋味"，对我来说，人生道路的艰难却是再切实不过的感受。我从不奢望自己能照亮蓝天，唯愿成为一只淡绿的萤火虫，在黑暗的夜里发光闪烁，这就足够了。

## "我一直不知道我对他们有多重要"

七月十日,我的心情好得要命,简直是乐不可支,因为终于放假了,终于可以回到我那久违的家(平时我住校),见到我那许久未见的爹娘。

兴高采烈地奔回家,爸爸早已备好一桌子佳肴,我实在是馋坏了,手嘴并用,左右开弓,狼吞虎咽。饭桌上,爸爸不经意地问起我会考考得怎样,我大大咧咧地随口就答:"爸——上次调研考后我不是对妈说了吗,如有一门不通过,我马上从五楼上跳下去(我的教室在五楼),这会考还不是照此办理……"

我喜滋滋地还想往下说,却突然感到饭桌上的气氛一下子变了。爸爸妈妈都不吭声,整个屋子里充满令人窒息的沉默。

察觉到异样,我把目光投向爸爸。他的眼睛瞪得老大老大,盯着我。我又把目光转向一旁的妈妈,她把头垂得好低,尽量掩饰着眼中那种冰凉的痛楚。

我怔住了,也不敢再说下去。

还是爸爸先回过神来，他努力地笑着招呼："吃吧，吃呀，来，这个……"不过他笑得好勉强，好尴尬，好刻意。结果，那顿饭每个人都吃得很不是滋味。

饭后，妈妈先上了楼。我在一边理书，本来妈妈要帮忙的，我不让，嫌她反而添乱。爸爸走过来，对我说："燕燕，上次调研考，你物理、化学两门都只有六十几分。你妈到学校回来后半夜没睡，一个人躲着哭。我问她，她就对我说了你刚才说的那句话。她说：'要是真没及格怎么办？要是燕燕真的从五楼跳下去怎么办？'"爸爸顿了顿，看了我两眼。

我目瞪口呆，我不知道一两句自认为并无大碍的"戏言"会让他们如此担惊受怕。

"燕燕，爸爸不想说你什么，但爸爸又真的不得不说，以后无论做什么，不管遇到什么事，都不能轻易说这话，连这样的念头都不该有！你要真有点什么，留下爸爸妈妈，该怎么过呢？"

我低下头，哭了，是因为内疚和惭愧。

怎么说呢，我一直都觉得爸爸妈妈老顾着自己的事，不关心我。偏偏自己的个性又是事事要强，输不得别人半点，所以在学校里总装得全家其乐融融，自己和父母特合得来的样子。其实心里挺委屈的，因为事实上我有时觉得自己难以和他们沟通。虽然每次回家也很开心，家里总是好菜好饭，但我总觉得少了一点什么，是少了心与心的沟通与交流吧。

这次回家，因为饭桌上的这个小"插曲"，我发现自己真的很傻，发现自己的"委屈"自私自利——我一直埋怨父母难以沟通，但我又何曾给过他们机会呢！一次次地与他们没谈几句，就不耐烦地说"我还有事……"搁下发愣的他们；一次次烦躁地打断他们家长里短、柴米油盐的对话，认为无聊至极；偶尔他们问起学校的事，我也爱理不理打岔推托过去，或者直接就是一句"说了你们也不懂"……

七月十日那天晚上，爸爸和我聊了很久，聊得很深。我真的一直不知道自己在他们心中的地位，我对他们有多重要；不知道他们很少来学校看我，是因为他们认为女儿已经大了，可以独立自主；不知道他们一直努力地想了解我的生活、我的朋友、我的想法和心境……

那晚以后，我好像变了一个人，懂了许多，顿悟了许多，却又内疚万分，为以前自私自利的我。现在，我不知道自己该如何做，该做些什么，我真想弥补些什么。

有一天我心血来潮,随爸爸上街买菜。天下着雨,爸爸让我帮他打伞。当我站在爸爸身旁,打开伞的瞬间,我突然想,从小到大,都是爸爸为我打伞,为我撑起一片晴空;从今以后,该是我为爸爸打伞,为他撑起一片天的时候了!

## "我仿佛看到忏悔了的父亲像书中的人物一样朝我蹒跚走来"

我收到父亲的来信。枣核般大的字,布满了八页信纸。信中说,他已经滴酒不沾,说年纪越大越承受不了良心的自责,说要我们姐妹原谅他这个不称职的父亲。

我每看一次信,泪水就像暴雨一样倾泻出来。年幼的时候,我恨父亲。离家读高中后,和父亲之间除了生疏、冷漠、隔阂,我不知道还有些什么。然而,望着父亲因疾病折磨而写得歪斜的字体,我平生第一次体味到我和父亲之间那种割也割不断的骨肉亲情,那是从生命开始的刹那就注定了的。

我是家里的第五个女儿。我的出生是不受祝福的。父亲三代单传,奶奶和他盼生个男孩盼得眼睛要出血。我的前面已经有了四个姐姐,我的出生,使家里本来就很凝重的气氛变得更加沉闷压抑,不堪忍受。母亲终日以泪洗面。

在父亲的呵斥、奶奶的恶语声中我开始了艰难的生命跋涉。别的孩子还躺在母亲怀里撒娇的时候,我已经过早地背上了生活的重负。做饭、洗衣、拾柴、挨打挨骂……童年没有给我留下什么值得记忆的欢乐,除了泪水,就是沉默。

从我记事的那天起,父亲跟母亲几乎每隔几天就要吵上一架。这样的家庭气氛里,我们姐妹整日战战兢兢,胆小如鼠。就说吃饭吧,辛劳一天后,一家人围坐桌旁,怎么说这都该是最温馨幸福、充满天伦之乐的一刻吧。然而我们家不是这样。长期以来,我甚至对吃饭产生了一种近乎条件反射般的恐惧。每当我和姐姐们盛上没一点油星、稀得映出人影的汤饭,小心地坐着等待父亲那句"吃吧"的时候,我都会从心底祈祷:求求您爸爸,别再掀饭桌了。

可父亲凌厉的双眼似乎已洞穿我的内心,偏偏不让我的愿望达成——由于母亲和我们不经意的几句对话,他便凶神恶煞般地踢翻桌子。记得有一次,我和三姐忘了父亲吃饭时不准说话的"规矩",为一篇作文争论起来。父亲铁青着脸,一言不发,两手用力一掀,瞬间碗盘被重重地摔到地上,四分五裂。

望着四脚朝天的饭桌以及地上的一片狼藉,我和姐姐像受惊的小鸟瑟瑟发抖。母亲气得晕倒在地上,从惊恐中反应过来的我们哭喊着扑向母亲。那混乱的一刻,我对父亲有一种刻骨铭心的恨意。

在农村,冬天的夜晚是寒冷而寂寞的。天早早地黑了,万籁俱寂。我时常坐在昏暗的灯下读书到深夜。对于少言寡语的我来说,这是一天中最自由、最幸福的时刻。我向往书中的世界,那仿佛才是我想要的生活,那是一种温情脉脉的、文明而理性的生活。书中那些和蔼可亲的人缓缓走来,安慰我受到惊吓的孤独灵魂。在无数个这样的夜晚,我结识了无数个善解人意的慈祥老人,他们被我一一认作父亲。

每晚临睡前,我蹑手蹑脚察看堂屋里的动静,若父母已经睡下,我便放下心来回到自己的床上安然入睡。

也许是对母亲怯懦无能的怜悯,抑或是那一丝血脉相连的亲情驱使,每晚,我总是第一个听到母亲压抑的哭泣声。每当我沉浸在美梦之中,比如,在空旷的田野里翩然起舞,乐声悠扬,突然,舞曲戛然而止,仿佛从天外传来"嘤嘤"的啜泣声,我的心跳也跟着停止了。我清醒过来,立刻知道那是母亲的哭声。看看酣睡中的几个姐姐,我独自披衣闯到院里。四周漆黑一片,刺骨的寒风凄厉地吼着,只穿一条秋裤的我抖成一团。我注视着堂屋,母亲在黑暗之中独自哭泣。我的泪水小溪似的顺着脖子一直流到身上，冰得我直打哆嗦。"我要爱我的妈妈，永远永远爱。"我那颗软弱的心此刻比任何时候都要坚定地说。

无数个夜晚，父亲酩酊大醉之后将母亲打得鼻青脸肿，母亲曾几次想以死来和她不幸的命运抗争。记得一次母亲从集上回来，叮嘱我要好好学习，将来争口气。我发现母亲眼里溢满泪水，一种不祥的预感袭遍全身。母亲转身的空儿，我从她拎的竹篮里翻出一个装有农药的小瓶，我一声不响地将瓶子藏起来，全身像怕冷般直抖。从那以后，一种神经质的敏感时时困扰着我：每当我看到水瓶时就恨不得将它砸个粉碎。

高中住校，母亲常孤零零地站在村口企盼我的归来。而我，根本不放心母亲一个人在家的日子。我有了弃学的念头。母亲平生第一次打了我。我心里感到委屈，却没有流一滴泪。我想，无论我为母亲做些什么，那都是不过分的啊。

但我拗不过母亲。在去车站的路上，巨大的悲痛排山倒海般袭来，我扑倒在母亲脚前哀求她好好活下去。母亲被我突然的举动惊呆了，但随即含着泪答应一定等我回来。站在一旁的父亲搓着双手显得局促不安，眼睛里好像也有一丝晶莹的东西闪动。是父亲对女儿将要离去的不舍，还是对自己所做的一切的愧疚？我没跟父亲说一句话便踏上了去城里的车。

高中功课压力很大,但我保持着每周给父亲写一两封信的习惯,将我原来不便更不敢跟父亲说的话用文字表达出来。

从父亲隔三岔五的回复中,我慢慢读懂了几千年男尊女卑的封建礼教对一个三代单传又无儿子的男人的束缚。我为母亲悲哀,更为父亲根深蒂固的腐朽思想愤慨。

去年,父亲因直肠癌需动手术,姐姐们日夜守候在父亲床边,为他端屎端尿,一勺勺将饭送到他嘴里。为挽救父亲垂危的生命,家在农村的四个姐姐几乎倾家荡产。我第一次发现一向冷酷固执的父亲也会那么温顺慈爱。

近一年来,父亲饱受多种疾病的摧残,身体一天不如一天。我每次回家,父亲总呆滞地瞅着我,一副吞吞吐吐、欲言又止的样子。现在我才明白父亲的苦楚,他一直想为过去的一切当面向自己的女儿道歉,而真的面对面他又放不下一贯的尊严。父亲终于用一生的时间悟出了女孩并不逊于男孩的道理。

父爱是如此来之不易,浸满苦涩和辛酸。泪水又一次汹涌而出,我仿佛看到忏悔了的父亲像书中的人物一样朝我蹒跚走来。

# 家的孩子

### 1

我们每个人,都是家的孩子。家是我们最开始的那个出发点。家庭又是社会的细胞。

因此,家庭就是一个孩子尚未长成的自我与社会之间最重要的介质。家是渡轮、桥梁、栈道,我们经由它奔向未来人生。

无法割舍的血缘关系,使得父母理当成为孩子最亲密的人。事实上,只要父母按照生物的本能去爱,家庭都可以是美好的,值得信赖的。

若在生物本能上再进一步,当民主型父母,引导而不干预,关爱且肯放手,尽量理解孩子的选择,在需要的时候给予支持,家庭就会成为最让人热爱与依恋的所在。

少年前面有漫长的人生之路,有艰辛坎坷,可能会摔倒,但是如果一直携带着关于家的记忆、家的情感,这将成为内心力量的源泉,让他无论何时都有重新站起的勇气。

坚韧的个性,不是来自挫折、打压,而恰恰需要生命早期充沛的情感滋养。是对家庭之爱父母之爱的信赖，让生命在成熟的途中步步迎难而上。

## 2

可悲的是，作为社会动物，人类已不再纯粹。作为社会的细胞，家庭也不再纯粹。

一些父母受重男轻女观念驱使，对孩子犯下愚行，做出丑陋暴虐不可理喻之事。

一些父母被不正确的单一价值观左右，世俗的规则被奉为圭臬，优胜劣汰成为行动指南，他们自己的心灵被恐惧攫获，被焦虑追逐，并将这份惶然紧张传递给孩子。

一些父母自身早已停止成长，却用自己狭小的眼界，局限、制约孩子的成长……

人们什么时候才会醒悟呢？培养一个好人，需要的不是鞭子，是温情。因为人太脆弱了，你必须好好对待，才能够让他（她）的心灵免于四分五裂。

社会有它的残酷，但也有它的广阔，每个人终有安身之处。而如果家庭残酷，小孩子真是逃无可逃了。

## 3

家可能是最温馨的港湾,父母撑起一方天空,为你遮风挡雨,助你长大成人。

家也可能是避无可避的利刃,斫伤本该盛开的年华。

在人生无法选择无法更改的事物当中,家庭是举足轻重的一项。降生到怎样的家庭,如同你人生之初抓到的一副牌,我们唯一知道的是,无论好牌还是坏牌,都必须把人生这场牌局打下去。

有一个幸福家庭的孩子,祝贺你。

对家庭不幸的孩子,我更要给予深挚的祝福与希望:不管怎样,都要依靠生命与生俱来的意志力,用力地活下去。

你会长大,日臻完善,因为你是成长中的生命。有成长就有希望,就有可能改变牌局。

学习爱

从进入青春期开始,男孩女孩都会有与异性亲近的渴望,那多数是一种纯真的好感。在西方,人们称青春期恋情为"Puppy love",puppy是小狗狗的意思。小狗狗之间的爱恋,单纯、美好,彼此取暖,相互嬉戏。

一切好像很容易发生:一句玩笑、一张纸条、一场聚会、一个目光……突然,你们在人群中发现了彼此。

然而,一切又都异常困难:揣测猜疑、忐忑不安、举棋不定、难以为继……

人们自此踏上追寻爱情的既甜蜜又困扰的旅程。

"Puppy love"的成功率非常低,漫长的人生道路上你会路过许多人,经过许多事,发现别的奇迹。我们只是通过初恋来体验爱,理解爱,学习怎样去爱。

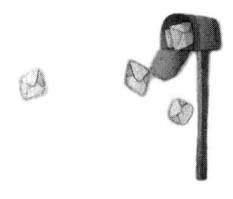

## "我到底怎么了？"

师大附中，我从小就一直长在这儿。现在，我上了这个学校的高一。班上有不少老面孔，都是从初中部直接升上来的。开学时，老师分配给我一个任务，拿着教室前后门的钥匙每天负责开教室门。我的故事就是从这儿开始的。

开学的第一天早晨，我用新钥匙开锁，却怎么也打不开。门口围的人渐渐多起来，一些男生开始起哄，我心里就越发急了。这时，有个男生过来，嚷嚷着："让我来，让我来！"他拿过我手中钥匙，往锁眼里捅。

旁边有人笑着说："王雁列，你别把钥匙扳断了啊！"那个叫王雁列的男生听到这话，停下手，居然回头对我说："拧断了可不关我的事啊！"我心里说，不关你的事，那关谁的事？谁知，就在这时，他一使劲果真把钥匙拧断在锁眼里了。

我只得跑下楼去找班主任，丢脸死了。班主任后来在课堂上还提起这事："做事可不能使蛮力……"大家都转向王雁列，不怀好意地朝他笑。他呢，也笑，那样子有点无所谓，又有点腼腆。

这是我对他的第一印象：有点莽撞，但挺可爱。

又过了几周，班里调整座位，我和他的座位几乎挨在一起。我在他后面的左边，他在我的右前方，中间隔着走廊。这样，自然接触就多了。一次，他拿了我的文具盒和笔记本，坐到座位上才丢句话给我："老师说你的字漂亮，给我看看。"然后，旁若无人地翻看起我的笔记和文具盒来。

后来，我看到他写的字，特有力度，既有男生的粗犷，又细致好看。我禁不住生出一丝钦佩。

有一次，他见到我文具盒里有个折纸小玩意儿，竟然大感兴趣，恭恭敬敬地向我讨教折法。我就耐心地教他，并把折纸送给他。下节英语课，他手里攥着它，时不时地玩弄一下，很是喜欢的模样。轮到后排的同学发言，我扭头去看，等我回头的时候，猛地发现他在直直地盯着我。见我发觉了，他急忙移开视线，装出若无其事的样子。

英语课代表的嗓子哑了，早读的时候我代她带读。我想把录音倒到课文开始的地方，偏偏怎么调试也找不到要听的课文！我可不想耽误大家的听力练习，更不想让人说我对机器低能，可越急越弄不好，急得我满头满脸都是汗。

王雁列站起身来，直奔讲台。他要干什么？我敢肯定，有这样疑问的不止我一人。他鼓捣了一分钟，一切就搞定了。我当然很感激，但心里犯嘀咕：为什么偏偏是他来帮忙呢？我搞不清自己是不是希望他帮忙。

那阵子，他当值日班长，对我可谓"有求必应"。一支笔掉到地上，我还没来得及喊靠近的同学帮忙，他就动作敏捷地捡了起来，递到我手里。一次我忘了带眼镜，自己却以为丢了，找得满头是汗，他就大声问同学："谁看到她的眼镜了？"又提醒我仔细地想想。我逐渐发现他很注意我。眼保健操时，他总是在我旁边的过道上晃悠，还时不时地瞄我一眼。他的责任可是监督全班的。

再后来，他当上了班长。因为字好，老师让我用自习课前的十分钟教大家练字。我教的时候，他总是目不转睛地看着我。有两次下面太吵，他就生气地让大家安静，甚至点了一个同学的名。那个时候，我很感激他对我的支持。

记得他刚开始当班长的时候，有一次下课忘了喊"起立"。当他意识到自己的这个疏漏，竟红着脸朝我望了一眼，像是问我是否在意。我只好做出"不要紧"的样子。以后喊起立的时候，他都很卖力。坐下的时候，他会看我一下，像是说："不错吧？"

年级篮球赛开始了，他是班上的主力。我们女生自发地组织起啦啦队，我还用班费买了矿泉水搬去。他打球很棒，很有人气，每次球到他手上，大家就喊："王雁列，加油！"我也喊得很起劲。他在球场上很猛，速度快，敢打敢冲，投篮又准，是我们班的主要得分手。但后来的决赛阶段，他因为腰有伤不能参加了，我喊加油的时候就像少了点什么。

后来，我更真切地体会到他对我的关注。下午放学后，只要我不走，他必定留在座位上，哪怕我扫地，他也不离开教室，装作讨论问题，装着和人说闲话，实在没啥掩饰了，就拿了本书在教室里走来走去。等我收拾好真的要走了，他却又躲开了。

我既感到高兴又有点茫然：这是不是表示他喜欢我呢？我注意观察他，他的长相并不帅，但浓眉厚唇，个子高高，有股讨人喜欢的男孩气。在心底里，他的这些小动静让我觉得有种喜悦在萌动，可又有点害怕：这是怎么了？他是怎么了？我又是怎么了？我们到底怎么了？

真有点没着没落的。

## "……这是在威胁我"

我刚满17岁,在北方生活,读高二。我生活在一个普通的家庭,妈妈是一名小学教师,爸爸是县纪检书记,家教很严,但爸妈都很爱我。

我长得很平常:眼睛一只双眼皮,一只单眼皮,只是睫毛很长,眉毛很淡,也不是玲珑小嘴。唯一稍微可以值得骄傲的一点,是个头有一米七二。当然了,也有人说这么高有什么了不起的,比我高的有的是,再说高也不一定就是件好事。

许多认识我的人说我是双重性格。这有可能。我自己知道,在开朗、乐观的背后是极大的空虚感、孤独感,这后面的才是我真正的性格。

在学校,我经常参加演讲比赛、文艺会演,都取得过很好的成绩。许多人说我气质好,包括老师也这么说,可我并不十分明确"气质"的内涵。

还在刚上高一时,同桌的男孩就对我说:"你给人的感觉与别的女孩不同,很特别。"我开玩笑地说:"大概是我嘴比较大的原因吧!"当时他乐了,随即说:"我喜欢嘴大的女孩。"我愣了,不知说什么好。他察觉到我的尴尬,转移话题问道:"你哪天生日?""八月十二号。"话一出口,我马上就后悔了,为什么告诉他?他听后大叫:"哇哈!我比你大十天,当我的小妹妹吧。"看着他开心的面孔,加上自己很孤独,又没有兄弟姐妹,我就答应了,心想,有个哥哥的感觉会是什么样呢?

刚一开始,感觉确实不错,他很爱护我,纵容我。但过了一段时间,我的几个好朋友对我说:"你不觉得他对你有些别的意思吗?他分明是喜欢你!"

我并没有很震惊,因为我不是傻子。我也略微察觉到了一些什么,只是不敢确定,没想到别人都能看出来。我挺看重自己的名声的,加上从小所受的家教,我害怕别人认为我是一个坏女孩,是一个行为不端庄的女孩。可他又从没对我说过"我喜欢你"之类的话呀,说不定那也只是我的错觉呢。

后来,我竟然直截了当地去问他了。他的回答是肯定的,他说他对我一见钟情。我从没打算在高中时期就……总觉得自己年纪还小,感情不够稳定,将来如果一方考上大学,另一方没考上，那感情很难再继续发展下去。再说，他只是理想中的哥哥，并不是我心目中的……我把我的想法如实地告诉了他，希望他集中精力学习，我俩还是好朋友。

他说他不满足仅仅是好朋友。这下我就没办法了，只好采取下策——调座位，不理他。这以后，他仿佛遭受了沉重打击，成绩下降得很快。而我却尽力地努力学习，成绩有所提高。我是怕别人议论，怕人看不起我，我是想用事实来回敬风言风语。

大约过了半个月，他给我一封信，说我看后会改变对他的看法的。我就看了，看后感觉是恶心、恐惧，信上只有三个字"我爱你"，红色的。我当时就想，肯定是用红钢笔水写的。我没有理睬这封信。

天天跟他在一个班上课真是不自在，总觉得有目光在追随我。我特别怕老师察觉到什么，改变对我的好印象。后来，他又给了我一封信，说那三个字是用血写成的，说这血书象征他爱我的心永远不会变。他约我到公园门口见，否则他就不上学了。

看完信后，我很气愤，认为这是在威胁我，他没有资格、没有理由这么做。况且我顶瞧不起这种因感情上的挫折就一蹶不振、不求上进的男生，简直不分主次。

我没去公园门口，他真的再也没上学。我不知道他怎么样了，总觉得我害了他。或许我以另一种方式解决会更好些？但我确实不知道该用什么样的方式最好，让我委曲求全吗？我坚决做不来。

我也不知道为什么，总有一些男同学追求我，我并不是不稳重的女生呀。相反，我很保守。我总觉得这是我自身的原因，也许是我不够出色，不能使他们尊重我。好友问我："难道喜欢你就是不尊重你吗？"我说是的，如果他们尊重我，就不会在不适宜的时候提出喜欢我，而应该埋藏在心底，在适宜的时间提出来。好友说我有病，太以自我为中心。

而我又偏偏是个很笨的女孩，不知怎样处理这类事。其实，我渴望与男同学之间的友谊。我该怎样同男生相处呢？又该怎样在他们提出喜欢我时以最好的方式拒绝他们呢？在以后的生活中又怎样同他们自然地交谈，不至于因见面不知说什么而越来越生疏呢？

## "长大,真的要好多时间与精力"

上高中后,坐在我后面的一个男孩,看了很多书,知识面广,说起话来既幽默又善解人意,我和他格外谈得来。同学们有时也拿我们俩开玩笑,我根本没在意。但后来不知怎么搞的,我们自己彼此之间有点不自然起来,话也少了。再后来调换了座位,我们便更疏远了,就算见面也不说话。我试图打破这种尴尬,主动与他说话,而他总是很局促,弄得我很不自在,于是我便也不与他讲话了。

我天生敏感,知道他心里想什么。换座位后,原本好动的他更多的时间坐着发呆,成绩也有下降的趋势。这更证明了我的判断。我有一种负罪感,好似有个声音在说:知道吗,他是因为你而落后。

他在掩饰自己,我们都沉默着。直到高三开学,文理分科,我离开原来的班级来到文科班。我对新的班级感到陌生,总是情不自禁地关注以前的班。开始,我以为我的不舍是因为离开了相处两年的老师同学，渐渐地，我发现我关注的其实是那个男孩，因为他在那个班里。这就是故事的发展吗？我们已经有一段时间没讲过话了，好像也已习惯了这种默默无言的"形式"。只是他的每一个动作、表情，我觉得我都能明白，我们好像心意相通。

有时候我觉得，默默中彼此有一份牵挂与关注，本身便是一种幸福、一种美丽。但有时我又想，沉湎于这种"美丽"之中，这还是原来的那个我吗？我的母亲是教师，对学生"早恋"之类的事深恶痛绝。在她眼中，我是个好女儿，她对我是很严格的。更何况我还有我的大学梦。我是文科班的"重点"之一，而我这个样子势必影响复习。一个声音说，这是一出独角戏，只有你是那个全部投入的傻瓜；另一个声音则告诉我，这叫作人生旅途中注定的缘。面对这些无法厘清又不能完全控制的思想时，我希望高考快点到来，好结束这一切。

临近毕业的前两个月，班里流行开了纪念册，我的也给了他。本子传回来后，我发现他在上面画了一个女孩，女孩头顶有一只飞翔的小鸟，下面是一行字："即使以后会折断双翅，心也要飞翔。"

终于等来了高考。然而不幸的是，高考那几天我生病了，每天靠打点滴维持。坚持到考完最后一门外语，从考场出来我便呕吐不止。成绩出来后，我的总分上了外语类分数线，但我报的是文史类，也是一种失策吧。现在说这些已经是多余，反正，我落榜了，进了补习班。那个男生进了理科补习班，意料中的结局。

一个假期的休整，我把三年来的一切反反复复想了个遍。那种种扰人情思的观望、等待、臆测，我不想在新的一年里重新体味一遍。开学后，我给了他一张纸条，请他告诉我那段岁月，叶子是否曾经绿过，是否依然绿着。晚上，他约我出来，他对我说我们要互相鼓励，明年争取考上。我非常欣喜，这样的结果正是我想要的。我告诉他我三年来的感受，伤痛之时那种如同独自在沙漠跋涉的孤独感觉。他说他都明白，他仍珍藏着我在校刊上发表的一篇文章《匆匆，太匆匆》。那篇文章写在文理分科的时候，写文章的目的之一就是因为我相信有些内容只有他能读懂。他说或许全是他的错，我说不是，或许我们谁都没错，这是成长的代价。

现在，仅一墙之隔，而我们很少见面。进了教室那扇狭窄的门，我便很少出去，每天静心读书。今年与大学失之交臂，那么来年我的目标便不再是一所普通院校，而是要考上重点大学。明年，不会有遗憾，我相信我自己。

　　对于这段经历，我不想说它是"早恋"，是"青苹果"什么的，它只是一幅没有颜色的画、一首没有声音的歌。从中，我更多地体会到的是一个人成长的不易。长大，真的要好多时间与精力。对于他，也许我会慢慢释怀，也许并不，结果不是我现在要关注的。我只知道我确实因此长大了很多。

## "我最好把自己的感情冰冻起来"

我是以借读生的身份进入现在读的这所省重点高中。本来按我一贯的成绩,是很有希望成为正式录取生的,可是在中考前夕,我和班主任发生了摩擦。出于一种可笑的报复心理,也可能是心情太坏,我逃课了,并且买来各种各样的杂志,在别人奋力冲刺的时候,我完全放弃了自己。

更要命的是,就在那两个月里,我喜欢上了一个男孩子。他就坐在我的后面,是我们班上的第一名。我想我是被他的好脾气吸引了。那两个月里,我常常把自己所不能承受的痛苦施加到他身上。和周围的人发生争执,我通常是先动口后动手,然后班主任找我谈话。而那个男孩从来不跟我吵,哪怕有时他用脚碰到我的凳子,我用笔狠狠地扎他的腿,他也是最大限度地包容我。现在想来,那时的我实在太残忍。

那时,我心理完全是病态的,不时地跟他发脾气。有时问他题目,他也跟我讲,从不因为我对他不友善而报复我。他很内向，涵养极好，还很幽默，常常惹得我们周围四个人大笑不止。班主任原本很宠我，发生摩擦后，我无时无刻不跟她对着干。于是，她以影响学习为由，把我们四个人调开了。这四个座位在教室的正中间，被认为是奖给学习成绩最好的同学坐的。当我从"奖座"离开时，心中由充满阳光一下子消沉至极。

后来，我们开始传纸条，内容无非是闲聊或是给对方以鼓励（我们两人的成绩都有所下降）。

我原来猜测他的成绩下降跟我有关，后来才知道是他跟班上另外一个女孩谈恋爱的结果。那个女孩是一名复读生，也是我的好朋友。他为她付出了很多，可她并不那么认真。他伤心地向我提过这些事，说她太不可靠。我问他什么样才是可靠的，他不语。他成绩下降，老师请来他的父母交换意见，但他的成绩依然没有上升。

中考之后，他顺利地跨入一中的大门，而我成了一所省重点高中——二中里的一名借读生。他来信告诉我，将在我生日那天送一个大布玩偶给我。来信的时候恰好刚刚段考，我的成绩在年级中上升了八十多个名次，而他由班级十名降至十五名。我很为他担心，我怕他成绩会再下降。我更担心自己的成绩会下降。我现在是班里的语文课代表,班主任要求课代表成绩必须在年级一百名以内。

高中的学习生活十分紧张,而我却无法全神贯注地听课,脑海中时不时会出现他的音容笑貌。在我日渐褪色的记忆中,唯一难以忘怀的只有坐在他前边的那段灿烂时光。一天又一天,我想着这些,无法听课。

我把心事告诉了初中时的好友,她只说了一句话:"当初你说:'上了高中以后,一定好好学习,说到做到!'难道忘了?"听完她的话,我想起那天我噙着泪水说完这句话攥红手指的情景。回想起那份刻骨铭心的痛,我建立了一道防线,希望可以从记忆中剔除他。

然而几天后,他的一封信就轻而易举地击垮了这道防线。我实在没办法,每天只有在极度的困倦中才可以避免去想他。

我和他彼此之间从未表白过什么,从未承诺过什么,只是默默地感受对方对自己的关注。我想,他可能是因为初三时的那次教训,什么也不敢说。我呢?我不想退步,不想让父母失望,也不想让他退步。

所以,我最好把自己的感情冰冻起来。可我做不到。

## "原来这种初恋是那么荒谬"

18岁时,我第一次尝到失败的滋味——高考落榜了。怀着一种伤痛迷茫的心情,我收拾起行李,重新踏进原先就读的那所重点中学,开始了我的复读生涯。

最初的那段日子,我几乎是伴着泪水与忏悔度过的。在那种沮丧的心情中度日,空气仿佛都令人窒息。我默默无语地坐着,心里多么盼望能找到一个知己给我以安慰。可我想,都是复读生,他们或许有着和我一样的心情,只是没表现出来吧。但有一个人是例外的,因为他整天活跃极了,从他身上感受不到任何悲伤或忧郁的情绪。我知道他,他是高三下学期转过来的,是准备报考美术学院的学生。我们经常碰面,但从未说过话。我那时是非常自信的,觉得自己马上要上大学了,一门心思都在最后的冲刺上。

但现在一切都变了,失败击碎了我的傲气。我鼓足勇气,给他写了一张纸条:"你难道不觉得复读的日子很枯燥无味吗?"我把纸条递给他的时候，我想他是很吃惊的，因为他过了两个小时才给我答复。

故事就是从这张纸条开始的吧！有了第一张纸条，就会有第二张、第三张……他那时给我写的一些话，真的让我感动过好一阵子。有时接到他的纸条后，我会快乐得傻笑许久。就这样，我们起码写了三个练习本。但我们只在"纸上谈兵"，在班里从不交谈。就算在路上相遇，我们也从不看对方一眼，更不用说打招呼了。

这样的情况持续了半个学期。后来听说美术生要和文科生分开，我又喜又忧。喜的是我正好不愿再和他交往下去，因为害怕影响学习；忧的是我担心从此会少了许多快乐的心情，日子重新回到以前的枯燥无味。

正当我处于这种喜忧参半状态的时候，他开始频繁地向我递纸条，也开始写一些令女孩子怦然心动的话。我拿不起又放不下，渐渐地，我感到越发被他牵引。他笑起来时，表情很幼稚，像个天真的孩子，我感觉很有趣。我开始设想倘使我的生活中没有他，那是不可想象的……我知道我陷进去了！我们的关系从"纸上谈兵"转入了新的阶段。

我永远不会忘记那个令我一辈子都后悔的晚上。那是周末，他和他的一帮朋友约我一起去看电影。到了电影院，没想到我们俩的票是单独在一起的。我第一次和男生一起看电影，感觉很不自在。更出乎意料的是，他开始对我动手动脚。我本能地躲开，并警告说："我们不是那种关系，请你尊重我，好吗？"他似乎一点也没有听进去，继续无礼。

我逃出电影院，他也跟着出来了。我们走在大街上，我感到委屈得要命，他却像什么事也没发生似的。尤其可恶的是，当我们走到无人的长江堤边时，他居然继续电影院里的那种无礼行为，我使尽全身力气挣扎，并威胁说："如果你再这样，我就上法庭告你。"他终于老实起来，我感到一种莫名的羞耻，哭着骂他下流卑鄙。他赶紧发誓说下次不再这样了，要我原谅他。我的心又软下来，原谅了他。

后来有一次，我无意中得知他向他的室友们、学友们大肆吹嘘自己的魅力，说有一个很漂亮而且曾经很优秀的女生——就是我——爱他爱得死去活来。每每遇见他的朋友，他们都开玩笑暗示我真的太爱他了。至今连我自己都不知爱是什么，更说不清是否真的爱他。我觉得自己的感情被亵渎了，便一而再，再而三地跟他说断绝关系，可每次都失败。还有几次我们单独在一起时，他那粗暴的行为让我手足无措，我几乎不敢再和他单独相处。然而，每次他悄悄递纸条给我，约我出去，我又总是屈从于诱惑，也许我真的太软弱了。我认为这是我的初恋。我没有任何防备，只一心守护着圣洁的情感。可我终于惊醒，原来这种初恋是那么荒谬。我哭的时候，他从没有安慰过我。我在流泪，他却在笑。我觉得自己是多么悲哀！曾经对未来充满憧憬的我，一脚陷在这感情的泥淖里不能自拔。

初恋对别人或许是温馨美好的，对我来说却是一场劫难。悔恨那张纸条，那个星期六晚上，也许没有它们，应该是云淡风轻的日子吧，我也许已经摆脱高考落榜的阴影，不会恨自己，不会责备自己，不会疑虑是否一切都是天意……校园是纯洁的，于我却披上了一层肮脏的面纱，令我悔恨不已。

## 爱是成长的阶梯

1

恋情萌生的时候，可能你自己也不知道为什么：或许是被相处时的愉悦感吸引，或许试图从挥之不去的孤独感中脱身，或许想在沉闷的生活中找到一点刺激，或许仅仅为了引人注目……

一件小事、一句话、一个眼神都可能叫你浮想联翩……这是你平生未曾体验过的一种莫名又强烈的感情冲击，它似乎很甜蜜，因为两个个体开始互相关注，自身的存在被看见了。这是一种很好的感受，你被重视了，这会在你的心灵深处产生一种欣慰与感动。从长远来看，我们每个人终其一生都会想去追寻这种被看见、被赞美与被关爱。

爱与被爱是人类最正常的渴望，但在爱意开始萌动的季节，要体会、要理解、要学习的还有很多。

青春期的感情常常只是一种好感，一种朦胧的情愫，一种冲动。当中有许多肤浅与盲目，也免不了夸张。又因为中学生生活的重心是升学，情感萌动必然会与环境的要求有抵牾与摩擦——

你有可能魂不守舍,心情不定,注意力涣散;你有可能情绪多变,脾气时好时坏,思想感受都被"那个人"牵制。你由此而产生内疚、自责之类的负面情绪,使得感情带上了诸多苦涩与困扰。不得不说,许多时候一切开始得那么美好,而结果却是那么可怕,你无法不为此迷茫并身怀创痛。

## 2

对于女孩子,我尤其想说一些话。

有一些男孩,他们只是出于冲动或者征服的欲望去与女孩子交往,并没有认真地对待一段感情。他们自身人格尚不成熟,只顾及自身的欲念而不在意对方的感受,表现常常不靠谱。他有可能为证明自身魅力,向同伴炫耀你们的事情,令你备感羞辱;他有可能忍不住生理冲动,引诱你去冒巨大的风险;他在情感上也有可能是易变的、反复的,而女孩子在被对方随便放弃之后,内心的创伤是很深的。

我并不是说一定会这样,世界上当然有好男孩,但是你仍要学会心怀警惕与自我保护。好的感情引领你成长,坏的感情让你败坏自己。如果一种感情让你产生自我否定或者心理扭曲,那你就该坚决地说"不"。请充分相信自己的感受,如果你在一种关系中没有体会到理解、付出与信任,那就不该是你想要的关系,你要毫不迟疑地放手。

不要担心,你的人生很长,你会有更广阔的世界,会遇到许多人。

3

美好深沉的感情只属于人格成熟的个体。人格成熟首先意味着自我的逐渐完善,你要学会了解自己:你看重什么,秉持怎样的价值观,你有怎样的兴趣爱好,最想做的事情是什么,你对将来的梦想……你要在生活的实践中回答这些问题。

人格成熟还意味着渐渐具备一个独立的社会人所需要的素质:尊重他人,勇于交流,公平宽容地对待自己与他人——"一种平静欢愉的气质,快快乐乐的享受,非常健全的体格,理智清明,生命活泼,洞彻事理,意欲温和,心地善良"(叔本华语)。

最让人感到困惑的莫过于人类之爱的神奇与复杂了。我们都如此孤独,需要爱人也需要被爱。"Puppy love"是关于爱的最初练习,学习与异性相处,这是一门很难但又重要的功课。但愿由此出发,我们能成长为有责任心、尊重感情、勇于担当的好人。

## 图书在版编目（CIP）数据

十四岁的纸条 / 章红著. -- 北京：天天出版社, 2023.8（2024.8重印）
ISBN 978-7-5016-1989-4

Ⅰ.①十… Ⅱ.①章… Ⅲ.①青春期—心理健康—健康教育—问题解答 Ⅳ.①G444-44

中国版本图书馆CIP数据核字(2022)第239245号

---

**责任编辑**：陈 莎　　　　　　**美术编辑**：曲 蒙
**责任印制**：康远超　张 璞

**出版发行**：天天出版社有限责任公司
**地　址**：北京市东城区东中街42号　　　　**邮编**：100027
**市场部**：010-64169902　　　　　　　　　**传真**：010-64169902
**网　址**：http://www.tiantianpublishing.com
**邮　箱**：tiantiancbs@163.com

**印　刷**：保定市中画美凯印刷有限公司　　**经销**：全国新华书店等
**开　本**：880×1230　1/32　　　　　　　　**印张**：7.75
**版　次**：2023年2月北京第1版　　**印次**：2024年8月第4次印刷
**字　数**：149千字

**书　号**：978-7-5016-1989-4　　　　　　　**定价**：30.00元

**版权所有·侵权必究**
如有印装质量问题，请与本社市场部联系调换。